CONVERSANDO SOBRE DIVÓRCIO

CONVERSANDO SOBRE DIVÓRCIO

Reduzindo os efeitos negativos e preparando os filhos para a separação

VICKI LANSKY

M. Books do Brasil Editora Ltda.

Av. Brigadeiro Faria Lima, 1993 - 5º andar - Cj. 51
01452-001 - São Paulo - SP Telefones: (11) 3168-8242/(11) 3168-9420
Fax: (11) 3079-3147 - e-mail: vendas.mbooks@terra.com.br

Dados de Catalogação na Publicação

Vicki Lansky
Conversando sobre Divórcio
2004 - São Paulo - M.Books do Brasil Editora Ltda.
1. Parenting
ISBN: 85-89384-20-9

© 2002 by Vicki Lansky
© 2004 by M.Books do Brasil Ltda.
todos os direitos reservados
Original em inglês publicado por Book Peddlers
Agradecimentos especiais a Francie Paper, por sua ajuda na edição e
publicação revista deste livro, lançada pela Book Peddlers.
Apresentação de Hester Mund reimpresso com a permissão do autor,
a partir de "Como Sobreviver a um Divórcio", *Working Mother*, maio de 1985.
Texto de Adrienne Barbeau, extraído de "Divórcio e o Pai Solitário: Uma Entrevista

EDITOR
MILTON MIRA DE ASSUMPÇÃO FILHO

Produção Editorial
Salete Del Guerra

Tradução
Frank de Oliveira

Revisão
Iná de Carvalho
Vera Lúcia Ayres da Costa

Consultor Técnico
Dr. Persio Bellesia Junior
Advogado

Capa
Design: MMA e ERJ
Foto: Edison Raymundi Junior

Editoração e Fotolitos
ERJ Composição Editorial

2004
1ª edição
Proibida a reprodução total ou parcial.
Os infratores serão punidos na forma da lei.
Direitos exclusivos cedidos à
M.Books do Brasil Editora Ltda.

AGRADECIMENTOS

Só me divorciei uma vez. Para obter ajuda com o amplo espectro de variações experimentadas no divórcio, conversei com muitas pessoas e muita gente leu o original em diversos estágios. Sem todas essas contribuições, este livro não seria o que é.

Meus agradecimentos a todos os pais e mães divorciados que dedicaram seu tempo a ler e comentar este original: Susan Beatty, Carol Dickman, Gail Farber, MD., Nancy Frankenberry, Donna Gould, Karen Herrmann, Janie Jasin, Tamara Kaiser, Elliot Miller, Rod Martel, Heather Needleman, Andrea Posgay, Gabriel Poyton, Suzi Resnik, Toni Richards, Howard Rutman, Nancy Samalin, Susan Schulherr, Dorothy Skelly, Lisa Strom, Walter Tornow.

Aos profissionais na área de ajuda a famílias em transição que foram além da tradicional leitura de um original e contribuíram para fazer deste livro algo especial e melhor: Sally Brush, coordenadora de educação e treinamento do Aring Institute em Cincinnati, OH; Dr. Gail Berkove, terapeuta familiar em Detroit, MI; David Levy, Anna Keller e John Bauserman do CRC, Washington, DC; Naomi Oxman, MSW, ACSW, psicoterapeuta do Departamento de Crianças e Adolescentes da Universidade de Minnesota e afiliada dos Serviços da Família Judia de Minneapolis.

Àqueles que forneceram consultoria em áreas de interesse especial: Rabino Norman Cohen, Ann Roberts, Beth Emshoff, June Louin Tapp, Susan Shafer, Twila Ness, Henry Biller, Steve King e Lee Mauk.

Aos advogados que me ajudaram no meu próprio divórcio: Les Novak e Tom Kayser, que também leram a parte relativa a leis para mim. Ao meu agente literário, advogado e amigo Neil Meyer, que editou a seção legal deste livro, assim como meu contrato de publicação.

Eu não poderia ter gerenciado as muitas vezes que o livro foi reescrito sem a ajuda editorial de Julie Surma e Sue Krajac, e meus agradecimentos especiais para o trabalho editorial feito por minha editora e amiga, Kathyrin Ring, que também me deu uma mão e me ouviu falar *ad nauseam* durante meu próprio divórcio. E para Alexia Dorszynski da New American Library, que não apenas trabalhou pela primeira publicação do livro, como melhorou o original durante o processo.

Para meus filhos, Douglas e Dana, por suas sugestões, sua presença, e por terem passado pela nossa transição de forma tão maravilhosa.

E para meu ex-marido, que nunca imaginou que estivesse me fornecendo material para um novo livro.

V. L.

Apresentação

A Voz da Experiência

O divórcio são as marcas.

Desfazer os nós conjugais, tal como nadar profundamente no Canal do Amor, está entre as passagens menos saborosas da vida. Ainda que seja citado sempre como uma ação civil, o processo raramente o é. O divórcio civilizado é um mito, e uma expressão que, mais do que qualquer outra que tenha sido inventada, soa realmente como um oxímoro.

Uma primeira incursão no divórcio, especialmente quando é o seu, é sempre a mais difícil. Mas uma ruptura conjugal, tal como uma indigestão ou uma visita surpresa da sogra, pode acontecer com qualquer um – e é por isso que, se acontecer com você, a coisa mais importante a lembrar é não tomar isso como uma coisa pessoal.

Hester Mundis, W. Shokan, NY

SUMÁRIO

PREFÁCIO XIII

CAPÍTULO 1: A DECISÃO DE SEPARAR-SE 1
O Perigo do Conflito Contínuo 4
Dando a Notícia 5
    Pelo Bem das Crianças 6
    Separações Litigiosas 7
    Planejando Suas Palavras 8
    Escolhendo Hora e Local 8
Se a Partida Não é Planejada 10
Contando para as Crianças 11
Ofereça uma Razão para Seu Divórcio 13
Depois Que Você Deu a Notícia 15
    Ouça-os com o Coração 15
    O Valor do Choro 17
Contando para os Outros 20
Vendo o Lado Bom da Coisa 22
E o Lado Não Tão Bom 23

CAPÍTULO 2: COMO OS FILHOS VÃO ENCARAR A SITUAÇÃO? 26
O Que Você Pode Esperar 27
O Que Fazer com os "Por Quês?" 29
A Idade Faz Diferença 30
    Lactentes e Crianças até 3 Anos 31
    Crianças em Idade Pré-Escolar 33
    Crianças Que Estão no Ensino Fundamental 35
    Pré-Adolescentes e Adolescentes 38
Seu Filho Como Seu Companheiro 44
Interesses Ligados ao Sexo 45
Pais Homossexuais e Temas Relativos ao Sexo 47
Filhos Adultos Ainda Podem Agir Como Crianças 48
O Apoio dos Irmãos 49
Quando Se Pede Ajuda a um Profissional 50
Quando o Aconselhamento Vai Ajudar 52
Construindo ou Reconstruindo a Auto-Estima das Crianças 55

Capítulo 3: O "Dia D": Dia da Despedida 60

Preparação para o "Dia D" 60
    Estabelecendo Seus Planos 61
    Dividindo os Bens Domésticos 62
Depressão "Pós-Partida" 64
Quando a Porta Fecha por Dentro 65
Quando a Porta Fecha pelo Lado de Fora 66
A Primeira Semana 67
A Fantasia da Reconciliação 69
Ajudando a Encerrar a Fantasia 70
Se a Reconciliação é uma Possibilidade 71
Se um dos Pais Quer a Reconciliação
    e o Outro Não 72

Capítulo 4: As Palavras Fazem Diferença: Aprendendo a "Linguagem do Divórcio" 73

Como Falar com Seus Filhos sobre o Cônjuge Que Partiu 73
Mantendo a Calma 75
Como Falar com o Cônjuge Que Foi Embora 77
Dê a Seu Ex-Cônjuge o Benefício da Dúvida 78
Quando Você Não Consegue Falar com Seu Ex-Cônjuge 78
Quando uma Criança Não Quer Visitar o Pai ou a Mãe Ausente ou Não
    Quer Falar com Ele/Ela 79
Quando o Outro Cônjuge Não Quer Se Comunicar com os Filhos 81
A Opção da "Outra Casa" 82
Uma Nova Forma de Dividir a Criação dos Filhos 83

Capítulo 5: As Questões: Dinheiro, Problemas Legais, Guarda dos Filhos 86

Assuntos de Dinheiro 86
O Que a Pensão dos Filhos Cobre? 89
A Casa Dividida 91
O Pai (ou a Mãe) Que Paga 91
    Se Você É o Cônjuge em Pior Situação Financeira 92
    Se Você é o Cônjuge em Melhor Situação Financeira 93
Seu Advogado 94
O Que Seu Advogado Fará? 94
Escolhendo um Advogado 96
Dicas para Economizar Dinheiro 97
Indo ao Juiz para Decidir a Guarda dos Filhos 99
Seu Acordo para Criação dos Filhos (Leia-se Guarda dos Filhos) 101

SUMÁRIO

Quais São as Opções Quanto à Guarda dos Filhos? 103
O Direito de Se Mudar para Longe 105
Educação dos Pais sobre Divórcio 106
Quem Decide 106
Deixar os Filhos Escolherem? 107
A Briga pela Guarda dos Filhos 108
    Acesso Negado/Visitação 108
    O Dedo Acusador 110
    Seqüestro de Filhos pelos Pais 110
Tomando Cuidado 111

CAPÍTULO 6: A GUARDA EXCLUSIVA DOS FILHOS E O OUTRO CÔNJUGE **113**

Quando o Pai Toma Conta da Casa 114
A Mãe Que Trabalha Fora e Sua Desvantagem Quanto à Guarda
    dos Filhos 116
Impedindo Que Seu Ex-cônjuge Se Torne Ex-Pai ou Ex-Mãe 117
Incentivando a Criação pelos Pais em "Meio período" 119
O Pai/Mãe Irresponsável 123
Tornando as Coisas Mais Fáceis com as Crianças 124
"Reentrada" e "Ricochete" 126
Tomando Cuidado para Que Você Não Se Torne um Ex-Pai ou Ex-Mãe .. 127
    Dicas de Passeios para Pais/Mães de Fim de Semana 130
    O Pai/Mãe Que Mora Longe, em Outro Estado 132
    Mantendo as Linhas Abertas Apesar da Distância 133
    A Conexão Escrita 135
O Pai ou Mãe de Verão 136

CAPÍTULO 7: OLHANDO PARA A ESTRADA À FRENTE **138**

Ajustes de Longo Prazo 138
Quando Chega Realmente a Hora 139
O Que Há em um Nome? 141
Cuidando de Você 141
Lidando com a Dor 144
Falhas e Culpas 145
O Pai ou a Mãe Que Trabalha 147
A Atitude Que Faz Diferença 148
Criando Tempo Onde Ele Não Existe 149
Escola, Crianças e Divórcio 150
    Filhos do Divórcio na Sala de Aula 151
    Os Direitos do Pai ou da Mãe Que Não Vive com o Filho 152
    Reuniões da Escola 153

xi

CONVERSANDO SOBRE DIVÓRCIO

Ajustes Familiares 155
Os Avós do Seu Lado e os Avós do Lado do "Outro" Cônjuge 156
Pais/Mães Solitários e as Datas Especiais 158
    Dividindo as Datas Especiais 158
    Tradições das Datas Especiais 160
    Orientações e Alternativas para as Datas Especiais 161
    Preparando para Visitas a Grandes Distâncias em Datas Especiais 162
Aniversários 164
Os Presentes 164
Dia das Mães e Dia dos Pais 165
Ocasiões Especiais em Que a Família Deve Estar Unida 166
A Ida para o Acampamento Quando a Criança Está com o Pai ou a Mãe.... 168
Namoro, Sexo e o Pai/Mãe Solitário 169
    Encontrando Outros Pais e Mães Solitários 170
    Mas Você Está Apaixonado(a) 173
    Sua Ex-Parceira ou Seu Ex-Parceiro Está Apaixonada(o) 175
Quando Você Se Casa de Novo 175
Laços Familiares Que Cegam 177
Encerramento Religioso.. 177
    Posfácio 179

PREFÁCIO

Abril de 1989

O divórcio não fazia parte dos meus planos a longo prazo.

Meu marido e eu tínhamos tido um negócio juntos, que ele quis tocar sem mim. Eu experimentei a perda da minha empresa, do meu marido e de uma vida familiar tradicional. Também aprendi muito sobre o nosso sistema de leis – mais do que eu realmente queria saber.

O divórcio também não foi idéia minha. Acho que nunca me dei conta emocionalmente de que é preciso apenas um dos cônjuges para dar início ao processo de divórcio. Levei um tempo para perceber que realmente estava acontecendo comigo. Os especialistas chamam isso de atitude "de negação".

O mais estranho para mim é o fato de meu divórcio ter sido uma das melhores coisas que me aconteceram. Também foi uma das piores coisas que aconteceram comigo e uma das mais dolorosas. Se alguém tivesse me dito que seria uma das melhores coisas para mim – e, pensando bem, as pessoas disseram –, eu nunca teria acreditado. Mas foi.

Como escritora, voltei-me para a palavra impressa, entre outras fontes, para me ajudar com aquilo que senti ser o fim da minha vida. Meu padrão de entendimento dos acontecimentos foi digerir material de que tinha precisado em diferentes épocas da minha vida e reuni-los no melhor formato – um formato que iria ser útil para mim. Foi assim que meu primeiro livro, *Feed Me, I´m Yours* [Alimente-me, Eu Sou Seu/Sua], um livro de receitas bestseller para bebês e crianças pequenas, e muitos dos seguintes, surgiu. E também foi assim que aconteceu com este livro.

Cedo eu soube que queria colocar no papel idéias para lidar com problemas que eu não tinha encontrado em outros livros. Mas não fiz isso de imediato. O primeiro esboço deste livro começou dois ou três anos depois de meu marido e eu termos nos separado, embora eu viesse coletando todo material escrito que pude encontrar durante esse tempo. A primeira edição deste livro foi publicada no sexto aniversário do meu divórcio.

Nenhum divórcio é fácil, e não há dois divórcios iguais. Por isso, muitas coisas neste livro podem não ter a ver com você. Mas eu tentei abranger o máximo de combinações e permutações que conheço conversando com outros pais e mães e pedindo a várias pessoas diferentes que lessem o original durante o processo.

Não tentei dar conselhos de ordem legal. Em vez disso, espero que você obtenha uma visão de sua situação e aprenda sobre suas opções, saiba que você não está só e também que encontre algumas idéias que lhe serão úteis.

Você pode pensar que estou pintando um quadro cor-de-rosa neste livro e que as coisas no mundo real não funcionam assim. Mas podem funcionar e é isso que você precisa saber.

Vicki Lansky

Atualização de 1996

Agora que meus filhos são jovens adultos, é justo que você pergunte: será que meus conselhos funcionaram para mim?

Primeiro entenda que eu não fiz tudo *perfeito* ou de acordo com o livro. Houve vezes em que a minha raiva tomou conta de mim, em que partilhei com meus filhos sentimentos relativos ao pai deles que não deveria ter partilhado e em que tive dificuldades em deixar de lado certas questões.

Apesar dos meus erros, fico feliz em dizer que tenho dois jovens adultos fabulosos (sim, eu sou suspeita), bem ajustados (ou pelo menos bem ajustados até o ponto que alguém pode ser hoje em dia) que parecem dar muita importância à sua mãe e a seu pai. Os dois terminaram a faculdade no tempo convencional, os dois fizeram maravilhosas conquistas. Os dois foram capazes de sustentar relacionamentos duradouros.

O casamento parece passar longe das mentes dos meus dois filhos, apenas porque eles vêem a si mesmos como pessoas jovens que precisam se estabelecer – certamente não como almas traumatizadas que temem um compromisso.

Meu ex-marido? Bem, até hoje nenhum de nós se casou de novo, o que mantém o nível de campo de jogo da família. Não nos vemos muito, exceto quando as crianças estão na cidade ou quando comparecemos a eventos do ciclo de vida delas, ou quando estamos em encontros e feiras de livros. Sim, eu voltei para a área editorial há vários anos, ainda que na época do nosso divórcio eu achasse que não queria publicar mais nada. Mas aqui estou, de volta aos negócios, com a minha empresa bem perto do quarteirão onde ele mora – tenho mesmo de confessar que ele é o meu senhorio. Quem diria! A vida leva você por caminhos estranhos e maravilhosos.

Ao longo dos anos, é preciso dizer que nós nos opusemos um ao outro até sermos capazes de respirar fundo e agradecermos por nossa única ligação se dar por meio dos filhos. Na companhia deles temos muita alegria e prazer e chegamos mesmo a curtir o que periodicamente ressurge como nosso grupo familiar "original". Em outras palavras, tenho o melhor de dois mundos. Amém!

Vicki Lansky

Atualização de 2002

Fico feliz em dizer que a saga do nosso divórcio continua com bons presságios. Meu ex-marido não é mais meu senhorio. Dançamos juntos no casamento de nosso filho, compartilhamos a alegria (juntos e separadamente) de nosso primeiro neto e conhecemos um ao outro o suficiente para sermos capazes de brincar com hábitos passados sem sermos ofensivos. Nós partilhamos confortavelmente nossa longa história de divórcio, assim como de casamento.

Alguns anos atrás, KoKo Bear, o personagem do meu livro sobre divórcio para crianças de 3 a 7 anos, ganhou vida na forma de um boneco de 20 centímetros para crianças pequenas. Elas podem partilhar suas preocupações e medos de forma segura sussurando-as no ouvido de Koko, ou anotando-as ou, ainda, fazendo desenhos e guardando-os na mochila de Koko.

Quando comecei meu divórcio, a Internet e a Web eram desconhecidas. Agora elas constituem uma fonte de informações adicionais – disponível dia e noite – incluindo informações sobre divórcio. Dê uma olhada. E quando estiver on-line, visite www.practical parenting.com, (site em inglês) na parte sobre divórcio. Ali há um artigo que escrevi chamado "10 Coisas que Sua Mãe Nunca lhe Disse", assim como uma página de citações inspiradoras que você pode imprimir, pregar na parede e ler quando precisar. (Tenho um monte de citações afixadas na parede que me ajudaram quando me divorciei.) Espero que elas também possam ajudar você.

Capítulo 1

A Decisão de Separar-se

Tão logo a decisão de separar-se é tomada, a realidade, assim como o entorpecimento, começa a se abater sobre você. Se achou que o casamento tinha sido sofrido, logo começará a perceber que a separação e o divórcio o serão ainda mais. Desemaranhar laços – e nós – de seu casamento e de sua vida de casado é uma experiência diferente de qualquer outra que você já tenha vivido. E será difícil. Você navegará por águas inexploradas e, goste ou não, será a única pessoa de fato a capitanear seu barco.

Você pode sentir raiva, tristeza, ansiedade, euforia, depressão, culpa, desorientação, medo, incompetência, auto-estima abalada e a sensação de ter perdido o chão. As primeiras semanas, os primeiros meses, o primeiro ano foram adequadamente chamados de "tempos de loucura" por um autor. E são mesmo.

O Dr. E. Mavis Heatherington, professor de psicologia da Universidade da Virgínia, relata que a maioria dos casais sente-se pior um ano depois do divórcio do que nos primeiros meses. Nessa fase, a novidade já se esgotou. A realidade e a solidão se instalaram. Estou relatando primeiro as notícias ruins, para que você não seja muito duro consigo mesmo durante esse tempo difícil – o divórcio é uma transição estressante e dolorosa. Mas há as notícias boas: sua vida vai melhorar. Provavelmente não no tempo que você espera. Mas seja paciente.

Por onde você deve começar? Basicamente, com seus filhos, porque eles começaram com você. O divórcio pode ser duro para o pai ou para a mãe, mas o é ainda muito mais para as crianças. Se elas são parte de sua vida, você e seu cônjuge também sempre farão parte da vida um do outro. O divórcio não significa o desaparecimento de seu ex-cônjuge – como pode acontecer com casais sem filhos – ou pelo menos não deveria significar.

O restante das boas notícias é que, atualmente, as evidências desmentem o conceito de que o impacto do divórcio nas crianças é inevitavelmente negativo e prejudicial. É evidente que sofrem esse impacto, mas eles são muito mais afetados pela forma como a família se reestrutura e como lida posteriormente com seus sentimentos do que pelo divórcio em si.

Um estudo com crianças de 11 a 15 anos feito pelo Dr. Nicolas Long, do Centro Médico da universidade de Kansas, e uma pesquisa da universidade da Geórgia concluíram que a quantidade de discussões entre os pais posteriormente ao divórcio afeta fortemente a adaptação de uma criança. A solução sugerida é que não haja discussões diante dos filhos a respeito de dinheiro, decisões e parâmetros quanto à sua educação. Foi constatado que as crianças mais afetadas provêm de famílias nas quais o conflito e a raiva persistem ou o pai ou mãe ausente é *realmente* ausente.

A Reestruturação de Sua
Família Está em Suas Mãos.

Os Divórcios Não Arruinam a Vida
de uma Criança. As Pessoas é Que o Fazem.

Embora estudos anteriores tenham se concentrado na incapacidade das crianças e das famílias para lidarem com o divórcio, estamos aprendendo que a maioria deles não costuma tornar as pessoas raivosas nem amargas. Antes de 1970, a maior parte das pesquisas enfatizava os aspectos anormais do divórcio. Entretanto, pesquisadores estão descobrindo que a reorganização da vida familiar tem um potencial para promover o crescimento e a felicidade para todos os membros da família. Sabemos que os filhos podem prosperar tanto em lares de um só pai como nos que ambos estão presentes. Algumas crianças chegam mesmo a se tornar mais fortes ao adquirir novas habilidades para lidar com as situações. "Apesar das dificuldades emocionais de viver em uma família divorciada, muitos filhos acabam se transformando em jovens e adultos autoconfiantes e financeiramente responsáveis", afirma Judith Wallerstein, uma autoridade em divórcio da universidade da Califórnia, em Berkeley, e diretora-executiva do Centro para a Transição da Família. Em seu livro, *Second Chances* (HarperCollins, 1991), Wallerstein descreveu uma geração de crianças como permanentemente marcada por cicatrizes. Entretanto, suas conclusões exageradas e alarmantes, que receberam grande atenção da mídia, são provenientes de um grupo de amostragem pequeno e auto-selecionado. Ela não usou um grupo de controle para comparação. De fato, a maioria das pesquisas encontrou poucas – e por vezes nenhuma – diferenças psicológicas entre filhos de pais divorciados e os de famílias intactas, afirma a conselheira de casais e escritora Stephanie Martson, em seu livro *The Divorced Parent: Successful Strategies for Raising Your Children After Separation* (Pocket Book, 1994).

A Dra. Constance Arons, da Escola de Trabalho Social da universidade do Sul da Califórnia, questionou a tradicional visão estereotipada do divórcio como sendo problemático, em um estudo de 1985. Observando padrões de cooperação dos pais, descobriu que 28% dos casais divorciados se encaixavam em sua categoria de "Amigos Perfeitos", 38% eram "Colegas Cooperadores", 25%, "Associados Raivosos" e apenas 24% eram "Inimigos Declarados". Apenas os pais deste último grupo não cooperavam. Ela notou que o grupo com menor quantidade de estresse e o relacionamento mais funcional no conjunto eram os "Colegas Cooperativos", capazes de resolver de forma produtiva a maioria das tensões que surgiam. Ela vê uma tendência crescente entre os casais divorciados de engendrarem algum tipo de relacionamento saudável, ainda que isso leve anos para acontecer.

Em seu último livro, *The Good Divorce* (HarperCollins, 1994), a Dra. Arons vai ainda mais longe em seu estudo, satisfazendo às nossas necessidades de combater mitos de que o divórcio inevitavelmente transforma adultos em inimigos e sempre prejudica as crianças. Ela oferece novos e construtivos enfoques do divórcio e o encara de maneira positiva. "Um bom divórcio", diz ela, "não é um oximoro[*]. Estou cansada das conversas sobre o 'dia do juízo final' e do rótulo de 'lar destruído'. Fomos inundados com tantas histórias negativas sobre divórcio que homens e mulheres precisam ouvir a mensagem de que podem fazer suas famílias funcionarem melhor, minimizar o estresse e não se sentirem como fracassados totais."

---

[*] Oximoro: união engenhosa de palavras ou frases contraditórias ou incongruentes, como, por exemplo, "a voz do silêncio". (N. do C.T.)

O Perigo do Conflito Contínuo

Estudos realizados pela Dra. Joanne Rocklin, que trabalha com casais divorciados, mostram claramente que não importa se os pais são ou não divorciados; o conflito contínuo entre eles é que compõe o aspecto prejudicial para filhos de qualquer idade. Crianças que presenciam constantemente discussões entre os pais nem sempre têm o mesmo desempenho social que seus colegas e tiram notas mais baixas na escola.

Embora seja uma visão errônea, freqüentemente os pais pensam que os conflitos vão desaparecer quando se separarem. Na realidade, as brigas e a raiva costumam aumentar nesse período, afetando negativamente os filhos e aumentando o estresse que sentem. É preciso ter em mente que, quanto menos conflito uma criança experimenta, mais capacidade tem de se adaptar; quanto mais conflito, mais dificuldade. Crianças cujos pais se separam e continuam brigando são, com efeito, atingidas por dupla maldição. O psicólogo Rex Forehand, da universidade da Geórgia, acha que o divórcio é uma opção plausível, se conduz a menos brigas entre os pais. Um efeito colateral que notou é que os filhos, sem perceberem, assumem os padrões de conflito dos pais, muitas vezes aprendendo a lidar com situações-problema por meio da agressão física ou verbal.

Educar bem uma criança durante um divórcio não é fácil. Por vezes, sua perda e sofrimento podem sobrecarregar os pais. Ainda assim, uma reestruturação positiva da vida familiar depois do divórcio pode resultar em novos relacionamentos satisfatórios, com todos os membros da família obtendo melhores ferramentas para lidar com o futuro. E, livres das tensões de um casamento difícil, pais divorciados freqüentemente desempenham melhor sua função de educar do que quando estavam casados.

Lembremo-nos das palavras de Mel Krantzler, um renomado psicólogo de divórcios, em seu bestseller, *Creative Divorce* (Bantam, 1974). "As crianças se recuperam rapidamente. Com exceção de uma negligência verdadeira ou de abuso sexual, conseguem sobreviver a qualquer crise familiar sem um prejuízo permanente – e podem crescer como seres humanos nesse processo – se conseguem detectar algum envolvimento amoroso e contínuo por parte de seus pais."

Terminar um casamento não é fácil. O divórcio pode ser comum hoje em dia, mas ainda é difícil lidar com ele.

DANDO A NOTÍCIA

Tão logo você e seu cônjuge tiverem discutido a separação e souberem o que vai acontecer, sua preocupação mais urgente deve ser sobre o que, quando e como falar a seus filhos sobre sua decisão. Não deixe esse assunto de lado.

Dar a notícia aos filhos pode ser a tarefa mais árdua que você tenha de fazer na vida e é absolutamente necessário que eles a ouçam de vocês dois. Alguns pais renegam essa dolorosa responsabilidade, especialmente se os filhos são pequenos. Um dos pais pode simplesmente mudar-se, talvez enquanto eles estejam dormindo. A criança verá e sentirá essa atitude como uma deserção. Pesquisadores constataram em um estudo sobre crianças em idade pré-escolar que um incrível número de quase 80% não tinha sido avisado da partida nem recebeu explicações sobre o motivo pelo qual ela ocorrera. O medo de um abandono total era intenso nessas crianças. (Se um dos pais pode deixar a casa sem explicação, por que o outro não o faria?)

Embora eu seja um terapeuta, achei absolutamente terrível falar com meus três filhos na época do meu divórcio. Nunca me senti tão só e inadequado. Tenho bom senso suficiente para seguir o adágio que diz: "Quando em dúvida, diga a verdade". Acrescentei, entretanto, minha variante a ele: "Não se deve mentir, mas a verdade total nem sempre ajuda". Respondi a cada pergunta feita pelos meus filhos com o melhor da minha capacidade. Mas descobri que a maioria das questões colocadas por eles podia ser facilmente respondida. "Onde eu vou morar? Quando vamos ver você? Ainda vou receber minha mesada?"

Larry Meyers, Santa Ana, Califórnia

Os filhos merecem ouvir a verdade, não importa o quanto ela seja dolorosa. Eles nunca são muito jovens para entender. Deixados no escuro, podem ficar arrasados e imaginarão coisas bem piores do que a verdade. Podem ficar convencidos de que o divórcio é sua culpa. A mensagem que você envia é a de que seus filhos não são importantes o suficiente para estarem envolvidos em assuntos familiares sérios. Se uma criança ouvir falar de divórcio por outros meios, com certeza se sentirá traída.

Pelo Bem das Crianças

Sejam quais forem as diferenças, você e seu cônjuge concordam que não querem magoar seus filhos? Trabalham juntos para tornar o processo o mais fácil possível para eles?

Quando a decisão da separação é tomada, nem mesmo os pais mais cuidadosos agem de forma totalmente racional. É difícil dar apoio às atitudes emocionais dos filhos e mostrar-se disponível para eles nesse momento. Não seja muito duro com você mesmo se cometer alguns erros. Uma consideração e uma preocupação verdadeiras compensarão os pontos perdidos.

É importante que você e seu cônjuge revejam de antemão tudo o que será dito aos filhos, sobre o que for possível. Prepare-se muito cuidadosamente para esse encontro. A fim de reduzir a ansiedade dos filhos, dê-lhes apenas informações suficientes para explicar a situação; tente não os sobrecarregar com detalhes. Leve em conta a idade deles e seu estágio de desenvolvimento. Discuta a importância de mantê-los fora de diferenças legais e financeiras. Tente entrar em acordo sobre o máximo possível de coisas antes de conversar com eles.

O fato de um dos pais ter rejeitado a convivência familiar, terminando o casamento, não significa que ele seja mau ou incapaz no seu papel de pai ou mãe, nem é motivo para que você acabe com a imagem dele perante seus filhos ou estabeleça limites para que exerça a função de pai (ou mãe).

Entre os itens da lista de considerações que mostraremos a seguir, uma discussão sobre os arranjos relativos à criação dos filhos é o mais importante. É vital chegar-se a um entendimento geral sobre como vocês desejam lidar com a vida dos filhos e com o tempo que se dedicarão à função de pais. Sua agenda não-oficial de guarda provisória também vai definir as regras básicas para seus futuros arranjos. A separação é um período temporário, mas significativo de "terra de ninguém" em termos legais – um tempo de acordos informais. Pense em seus planos da forma mais clara possível. Do início do seu período de separação até que o divórcio seja finalizado, você e seu cônjuge podem experimentar diferentes acertos de vida, testando, por assim dizer, "as águas da custódia". Discutam o fato de que permanecem abertos a mudanças no arranjo inicial, mas não em um grau que possa confundir os filhos.

Considerações Relacionadas à Criança Que Devem Ser Discutidas de Antemão

- Quando vamos contar aos filhos?
- Vamos contar juntos?
- O que vamos dizer a eles?
- Quem vai contar o quê?
- Como o tempo com os filhos será dividido?
- Como vamos fazer com os feriados?
- Como vamos fazer com a educação religiosa?
- Quem de nós terá a guarda dos filhos?
- Onde os filhos vão morar?
- Onde o outro pai ou mãe vai morar?
- Quando o pai ou mãe que está indo embora vai se mudar?
- Como vai ser o contato contínuo com as crianças?

SEPARAÇÕES LITIGIOSAS

Se a separação for litigiosa, seus filhos têm o direito de saber. Você e seu cônjuge têm a obrigação de discutir sobre a separação e o que ela significa, antes de anunciá-la às crianças. Vocês têm de discutir suas "regras da estrada". Além das considerações já listadas, pense no seguinte:

- Existe alguma pré-condição clara para uma reconciliação? É preciso dizer às crianças que não é o comportamento *delas* que vai determinar a reconciliação.
- O fato de um de vocês namorar ou ter outros relacionamentos poderá impedir uma reconciliação?
- Você tem vontade de sair com outra pessoa agora ou tem planos para fazê-lo mais tarde?

PLANEJANDO SUAS PALAVRAS

Tenha em mente que o desconhecido assusta muito mais as crianças do que fatos que já conhecem, por mais desagradáveis que sejam. Seus pensamentos naturalmente se concentram nelas próprias. Portanto, preocupam-se primeiro com o que acontecerá com elas. O maior medo que a maioria das crianças tem é que, se uma coisa mudar, todas as outras mudarão. Esteja preparado para lhes falar com bastante clareza sobre como tudo será depois da separação e para lhes assegurar de que serão cuidadas, protegidas e amadas por ambos os pais, se é que vocês se comprometem com isso.

- Faça uma lista das questões e temas que gostaria de discutir com seu cônjuge; tente pensar em tudo que as crianças poderiam perguntar – ou que não vão perguntar, mas que precisam saber.
- Combine que você não usará essa explanação sobre seu divórcio como uma desculpa para uma discussão entre você e seu cônjuge.
- Se existe um problema pessoal ou íntimo inadequado para a discussão, vocês podem combinar uma resposta que afirme haver algumas razões particulares que Papai e Mamãe podem discutir, mas que não têm nada a ver com as crianças e que são "problemas de adultos".
- Se o abuso de substâncias químicas (drogas, álcool etc.) faz parte do problema, evite descrever seu cônjuge como "ruim". Em vez disso, discuta o que você não gosta no comportamento dele e seu efeito sobre você.

ESCOLHENDO HORA E LOCAL

Seria excelente que você e seu cônjuge combinassem quando e onde vão falar com as crianças, embora nem sempre seja possível, pois não faz parte de um processo racional nem é um evento planejado. Mas, se você conseguir fazê-lo e tiver tempo de prepará-lo:

- Escolha um momento conveniente para vocês dois conversarem com as crianças, mas que seja antes de a separação se concretizar, para que a notícia seja dada adequadamente. Mas cuide para que essa conversa não ocorra muito tempo antes da partida de um de vocês, para que seus filhos não pensem que ainda há esperanças de vocês não se separarem. Entretanto, não conversem sobre divórcio e separação com eles antes de tomar uma decisão definitiva; viver na incerteza e na preocupação é tão complicado para as crianças quanto o é para os adultos.

- Assuma seriamente o compromisso de não discutir com seu cônjuge antes ou durante a conversa, de forma que possam abordar esse importante momento calma e racionalmente. Seja honesto, mas tente controlar suas emoções.

- Se possível, estejam juntos na hora de contar para as crianças, ainda que só um de vocês fale durante a maior parte do tempo. As crianças provavelmente terão perguntas para fazer a vocês e é uma obrigação estarem lá para respondê-las. Se não houver, mesmo, jeito de contar a elas em conjunto, discutam entre si sobre qual dos dois falará, de modo que posteriormente as crianças não fiquem confusas com diferentes relatos. Tenha sua primeira conversa com elas em grupo, mesmo que existam grandes diferenças de idade. O fato de estarem juntas vai ajudá-las. Depois, haverá tempo para explicar tudo de forma mais completa às que são suficientemente crescidas e confortá-las individualmente.

- Faça uma explicação por escrito de tudo o que está acontecendo e dê uma cópia a cada criança, para que recorram a ela quando sentirem necessidade. Você poderá fazê-la antes ou depois da conversa sobre o divórcio.

Se você acha que conversar com os filhos separadamente é de fato a melhor forma para a sua família, então é assim que tem de ser. Não há uma maneira perfeita de desempenhar essa difícil tarefa.

A notícia deve ser dada em casa e não fazer parte de um passeio. Não esqueça de desligar a TV. Proporcione à família um tempo suficiente para que você diga o que têm a dizer e para responder a quaisquer perguntas que seus filhos fizerem. Não apresse a conversa; dê tempo a eles para arejarem os sentimentos e ponderarem sobre as implicações, mesmo que não queiram insistir na discussão do assunto. Procure transmitir mais segurança do que desespero. O início do dia costuma ser melhor do que o final, mas a probabilidade é que ninguém consiga dormir bem à noite.

Nos dias subseqüentes, podem ser necessárias conversas adicionais. Tenha-as, à medida em que surgirem as perguntas.

Antes, Depois e Sempre, os Filhos Têm
Direito de Amar e de Desfrutar
da Companhia de... Ambos os Pais.

SE A PARTIDA NÃO É PLANEJADA

Seja honesto com seus filhos. Se a mudança aconteceu quando eles não estavam ou se seu cônjuge foi embora no meio da noite, diga-lhes realmente o que houve e não que "Papai saiu em uma viagem de negócios por alguns dias" ou que "Mamãe foi visitar a vovó". Uma mentira só vai exigir mais explicações depois e causar mais confusão e ansiedade nas crianças.

Se um dos cônjuges pediu ao outro para partir ou fez com que saísse por medo de dano físico, é importante explicar aos filhos. Caso o momento da partida tenha envolvido uma cena de raiva ou de outras emoções fortes e a criança presencia, tente conversar com ela mais tarde, da forma mais racional e calma que for capaz, por mais perturbado que você esteja. O cônjuge que foi embora deve ser incentivado a escrever, telefonar ou estabelecer contato com os filhos o mais rápido possível, para ajudá-los a entender essa súbita mudança.

Os filhos também podem ser encorajados a anotarem seus sentimentos ou a escreverem uma carta a fim de estabelecerem uma situação "de contato". Mesmo as crianças muito pequenas podem ditar a você uma carta desse tipo. É uma oportunidade de desabafarem; e você pode ajudá-los para que essa atitude não se constitua em uma maneira de culpar a quem foi embora, mas em uma ponte para um futuro contato. É uma tarefa difícil de ser feita, mas vale o esforço.

CONTANDO PARA AS CRIANÇAS

Dizer a frase "Estamos nos divorciando" para seus filhos é o mesmo que gritar "Fogo!" em um teatro lotado. Você terá a tarefa de tranqüilizá-los e convencê-los de que os melhores interesses deles estarão sempre acima de qualquer coisa na mente de vocês dois.

Para os filhos, os pais são um pacote fechado, não dois adultos com diferentes pontos de vista e valores. Eles não conheceram vocês quando viviam sozinhos. Os pais representam um universo total e completo. Agora vocês dirão a eles que estão quebrando uma unidade que encaravam como indivisível.

> Para Você, Assim Como para Seus Filhos, Não Há
> Sofrimento Mais Horrível do Que Ser Abandonado
> ou Ser Forçado a Abandonar Alguém
> de Quem Você Gosta.

Selecione suas palavras cuidadosamente. Fale com uma linguagem apropriada para o grau de entendimento dos seus filhos. Mas, da mesma forma que um médico avisa que uma injeção vai doer, seja honesto quanto ao sofrimento que está envolvido, tanto para seus filhos como para você e seu cônjuge.

- Não finja que não é importante nem faça pouco caso do fato. Pode amenizar sua culpa pensar que você não vai perturbar as crianças. Mas a notícia do divórcio dos pais é uma informação séria para elas e você as deixará confusas se não tratar do assunto com seriedade.
- Para crianças que não têm familiaridade com a palavra, é bom explicar que o divórcio significa que um dos pais se mudará e vocês passarão a viver em casas separadas. Elas podem também precisar de explicações sobre palavras como *advogado, guarda, cláusula de divórcio* e *ajuizar uma ação*.
- Explique o que vai ter mais relação com as crianças: a forma como vão viver dali em diante. Fale o máximo que puder a elas sobre onde vão morar, onde o familiar que está indo embora viverá e quando conviverão com um e com outro.

- Se já estiver estipulado que haverá dois lares para seus filhos, permitindo que ambos os pais partilhem da educação deles, diga-lhes isso. Mas não imagine nem por um momento que esse argumento seja bom o suficiente para convencê-los ("Que sorte a de vocês, agora vão ter duas casas em vez de uma").
- Exponha os detalhes que conhece sobre as esperadas mudanças. Seja honesto, sobre seus conflitos, mas não se detenha exageradamente neles, a ponto de gerar ansiedade, como, por exemplo, sobre o assunto financeiro. Uma sessão de notícias devastadoras por vez é suficiente. (Tratar de assuntos financeiros pode fazer com que as crianças se sintam culpadas e pensem que, se não fosse por elas, o casamento continuaria sem problemas.)
- Mostre a seus filhos que há muitas formas diferentes de amar. Os sentimentos entre um homem e uma mulher não são iguais aos sentimentos que os pais têm por um filho, ainda que a palavra *amor* seja usada para descrever a ambos.
- Seja honesto, mas não crie desculpas para seu cônjuge, no sentido de minimizar o sofrimento da criança. Não o agredir é tão importante quanto não o acobertar.
- Explique que vocês não podem mais viver juntos, mas que de forma alguma elas são culpadas por essa separação.
- Se vocês fizeram terapia de casais, diga aos filhos que tentaram, mas, ainda assim, não conseguiram melhorar o relacionamento.
- Não minta para seus filhos. A verdade acaba por vir à tona e eles vão ficar ressentidos com você por tê-la ocultado. Você corre o risco de perder sua confiança a ponto de eles não mais confiarem nos adultos em geral.
- Diga às crianças que sempre serão informadas sobre mudanças que lhes digam respeito. Se houver possibilidade de uma alteração maior, como a mudança de casa ou de escola, elas precisarão saber. Ninguém gosta de mudanças, especialmente das quais não se tem controle. Mas a adaptação e a aceitação são mais positivas quando há um prévio aviso.
- Evite culpar seu cônjuge pela dissolução do casamento e da vida doméstica na frente dos filhos. Em todo divórcio, esse tipo de ataque está presente. Embora seja tentador – em qual-

quer divórcio, sempre há um que "quer" o divórcio inicialmente –, deve ser evitado.

- Fale a seus filhos do seu amor por eles. E, o mais importante: mostre-lhes seu desejo de que o amor deles pelo seu cônjuge persista e cresça. (Ninguém disse que o divórcio é fácil.)
- Não faça promessas que não possa cumprir.
- Se um dos pais tem planos concretos de morar com outra pessoa a quem ama, as opções de vida dos filhos obviamente serão afetadas. É melhor responder com sinceridade do que se arriscar a perder sua confiança por evitar o assunto. (Espera-se que quem está indo embora não faça esse tipo de mudança logo de início, pois poderia ser particularmente confuso e difícil para a criança.)

Em algumas famílias, um dos pais pode estar imobilizado e toda essa responsabilidade cairá sobre o outro. Apesar de seus sentimentos de entorpecimento e confusão, os filhos têm o direito de partilhar das mudanças feitas na família e de saberem sobre elas. E lembre-se de que é importante dizer claramente às crianças que vocês vão se separar e que seus planos são definitivos.

Ofereça uma Razão para Seu Divórcio

Os filhos precisam saber por que o divórcio está acontecendo, para não culparem a si mesmos. Encontrar as palavras certas nem sempre é fácil. Assegure-se de dizer a seus filhos que:

Eles Não Causaram o Divórcio...
Nem Poderiam Ter Impedido Que Ele Ocorresse.

Seu tom e suas palavras fazem a diferença. Tente explicar as razões do divórcio sem raiva nem rispidez na voz. Se um dos pais está doente (por alcoolismo, vício em drogas ou doença mental), a criança precisa saber. Às vezes, o doente ainda não está recebendo tratamento (nem mesmo procurando por ele), mas essa "doença" pode ser discutida com as palavras certas para a idade das crianças. ("Papai/Mamãe está no hospital porque ele/ela não está se sentindo bem e precisa de ajuda especial para conversar sobre o que o/a está incomodando.") Essa doença pode impedir que o cônjuge demonstre amor e interesse pelos filhos, então, esse esclarecimento será útil para eles.

Se a vida no lar tem sido turbulenta e combativa, ficará fácil para os filhos entenderem as razões da separação. Em contrapartida, se o casal não briga e parece ter um relacionamento calmo e cooperativo, os filhos podem ter dificuldade de entender por que precisam se divorciar.

Eles precisam entender que:

- Nem toda raiva é ruidosa.
- As preferências sexuais dos adultos e os relacionamentos com o sexo oposto fora de casa podem mudar a natureza de um casamento.
- Nem todos os assuntos de uma família partilham dos mesmos valores e essas diferenças às vezes as levam a se reestruturar.
- O objetivo do divórcio é tentar tornar a vida melhor para um ou para ambos os adultos.

Talvez você ainda não entenda os porquês do seu divórcio. Freqüentemente, eles só se revelam com o tempo. Por ora, as razões aparentes ou sintomáticas funcionarão como uma explicação.

Uma noite, enquanto colocava Christopher para dormir, estávamos conversando sobre nossa separação e o inadiável divórcio. Rich e eu concordamos em usar a abordagem "Mamãe e Papai não se amam mais" e dizer que nossas discussões eram parte desse motivo. Inesperadamente, ele perguntou: "É por minha culpa?" Tive de retomar rapidamente minha serenidade e dizer-lhe que não e que nada tinha a ver com ele. Fiquei impressionada ao perceber que até uma criança de 27 meses de idade pudesse assumir tanta responsabilidade.

Karyn Hermann, Minnesota

Ainda que você pense que a razão pela qual está se divorciando seja o fato de você e seu cônjuge terem deixado de se amar, não diga para seus filhos, pois eles poderão ficar com medo de que você também deixará de amá-los. Além disso, esse não é o principal motivo da separação e você sabe disso. Se não sabe, é melhor conversar sobre o assunto.

Hester Mundis, Nova York

Depois Que Você Deu a Notícia

Não fique surpreso se a criança parecer aceitar a notícia tranqüilamente e mostrar sinais de impaciência para sair do local onde está sendo desenrolada a conversa. Negação e descrença são respostas comuns. Algumas crianças trabalham com o conceito de que "se você não olhar para a coisa, ela vai embora". Em um primeiro momento, seu filho pode mesmo expressar alívio, sentindo-se agradecido por saber que não haverá mais brigas em casa, pois ainda não terá percebido que seus pais não mais estarão disponíveis ao mesmo tempo. Na maior parte das vezes, no entanto, vai se opor ao divórcio, ficar com raiva e sentir-se amedrontado ou ansioso. Após o choque, pode chorar, mesmo que horas ou dias depois.

Você nunca vai achar que está fazendo uma apendicectomia em uma criança, sem anestesia: mas nós fazemos "pais-ectomias" nas crianças todos os dias.

Dr. Frank Williams, psiquiatra e diretor do
Thalians Community Mental Health
Center, Califórnia

Ouça-os com o Coração

Ouça carinhosamente as respostas dos seus filhos, para ter certeza de que eles não estão interpretando erradamente o que você quer dizer, especialmente no que se refere à possibilidade de reatarem a união. Responda a seus sentimentos, não apenas a suas palavras.

- Permita que os filhos expressem sua aflição depois que você tiver dado a notícia. Pode haver lágrimas, negação, pedidos de reconsideração, imprecações, ameaças, bravatas ou simplesmente silêncio. Procurem demonstrar seu amor segurando-os no colo ou os abraçando, se eles o permitirem. A perturbação é uma parte do processo pelo qual os filhos têm de passar. Mostre a eles que todos esses sentimentos são normais.

- Se a criança expressa raiva ou sentimentos fortes em relação a você, evite devolvê-los. É importante deixar que ela os expresse sem medo de perder seu amor.
- Se, de início, os filhos não querem falar sobre o divórcio ou partilhar suas emoções com você, dê-lhes um tempo. Se forçar sentimentos e pensamentos em uma criança que não está pronta para o confronto, você a estará machucando, não ajudando. A verdade é que talvez ela não saiba como está se sentindo realmente. O período de negação pode ser um mecanismo útil como resposta de curto prazo a situações estressantes.
- Mostre a seus filhos que você está disponível para ouvi-los ou para esclarecer quaisquer dúvidas, sempre que quiserem conversar.
- Depois de algumas semanas, experimente pedir a uma criança em idade pré-escolar que faça um desenho sobre como sua família lhe parece, agora que a separação é inevitável (ou já ocorreu). Peça-lhe explicações sobre o que significa o desenho e use-o como ponto de discussão a respeito do motivo pelo qual ela acha que o divórcio aconteceu. Essa atitude pode ajudar a trazer à tona quaisquer impressões erradas que ela tenha tido.
- Peça a uma criança maior para escrever uma história sobre seus sentimentos, se acha que eles foram reprimidos.
- Encoraje-a a falar com uma terceira pessoa que esteja menos envolvida, como um professor, uma babá ou um parente.

Algumas vezes, os filhos não dizem nada porque não querem magoar você. Em outras, querem proteger os pais e guardam seus sentimentos para não tornar as coisas piores para eles. Se depois de um tempo você achar que não teve um retorno sobre os sentimentos deles, divida sua dor e seus interesses com eles; talvez essa atitude os ajude a se abrirem. Eles podem ficar confusos se você não demonstrar seus sentimentos e acharem que também precisam agir de maneira rígida.

As crianças nem sempre têm o vocabulário de que necessitam para falar de seus sentimentos. Algumas palavras sugeridas por você podem ajudá-las. "Sentindo-se vazio" pode ser uma forma de expressar com palavras mais comuns o sentimento que conhecemos como depressão; "machucar" é uma forma de dizer magoar.

Dê às suas crianças um tempo para se ajustarem – bastante tempo. Entenda que há uma grande diferença entre a maneira como pais e filhos fazem seus ajustamentos. Afinal, os pais estiveram pensando nessa mudança durante um bom tempo. Para a maioria das crianças é uma situação totalmente nova. Seja paciente com uma criança que não está feliz.

É difícil aceitar a raiva e a mágoa de uma criança quando você mesma está tendo sentimentos de culpa e perda em relação a uma situação que tende a anular seus valores. É tentador alcançar seus sentimentos de valores a partir da indignação – justa ou não – com relação aos filhos. As crianças muitas vezes percebem como você está se sentindo e vêm em seu socorro... mas geralmente esse auxílio tem um alto custo para elas.

> Lembre-se: as Crianças Não Acreditam em
> Divórcios sem Culpa.
> Elas Culpam um dos Pais, os Dois
> ou a Elas Mesmas.

Os pais sentem que, em um certo nível, falharam com seus filhos ao romperem o casamento. Perceba que esses sentimentos são normais também para você.

Meus pais se separaram quando eu tinha 12 anos. Isso prejudicou minha auto-imagem. Ninguém nunca me explicou por que o divórcio estava ocorrendo e sempre achei que a culpa era minha.

Adrienne Barbeau, Reseda, Califórnia

O VALOR DO CHORO

As lágrimas fazem parte da condição humana. Todas as pessoas deveriam poder chorar quando estão tristes. O choro alivia a tensão e nos ajuda a lidar com a perda emocional. Não deixar uma pessoa chorar pode provocar futuros problemas de saúde e contribuir para complicações ligadas ao estresse.

Chorar nunca é um sinal de fraqueza, quer se trate de uma criança quer de um adulto. É triste ser rejeitado ou abandonado por alguém de quem se gosta; chorar é uma reação natural e honesta a esse tipo de dor. As lágrimas são uma parte necessária do processo de desprendimento.

- Evite ficar dizendo coisas como: "Não chore, tudo vai dar certo".
- Não negue a uma criança o direito de chorar.
- Não se preocupe se não sabe o que dizer. Em boa parte das vezes, um abraço ou uma presença silenciosa são necessários como resposta.
- Chorar junto a uma família pode ser uma forma de apoio e confirmação para a tristeza e o sentimento de perda.
- A necessidade que uma criança ou seus pais têm de chorar em público ou reservadamente é diferente.

No dia da mudança do pai, minha filha o viu entrar em crise e chorar diversas vezes. Eu não tinha percebido que ela nunca vira seu pai chorar antes e isso era muito duro para ela. Tentei ajudá-la a ver que, quando algo está nos magoando, choramos. Disse a ela que já tinha visto seu pai chorar antes e que me sentia feliz de que ele fosse o tipo de homem capaz de demonstrar seus sentimentos.

Anônima

Os filhos, freqüentemente acham que não podem contar aos pais que estiveram chorando. Muitos nem mesmo sabem como abordá-los, pois podem estar muito envolvidos com seus problemas. Deixar os filhos saberem que você chora reservadamente pode lhes dar "permissão" para dividir os sentimentos com você.

"Na verdade, pais que ocultam seus sentimentos tornam mais difícil a adaptação de seus filhos à separação", afirma Sally Brush, do Aring Institute, em Cincinnati, Ohio, que oferece um serviço de apoio a famílias que estão se divorciando. "As crianças permitem-se ficar angustiadas, na medida em que vêem seus pais ficarem angustiados. Se os pais expressam seus sentimentos de maneira adequada, as crianças não precisam ficar aflitas por causa deles e podem se concentrar na própria angústia.

Afirmações e Frases Diárias de Apoio

Não importa a idade que as crianças têm, é preciso assegurar a elas, o tempo todo, que suas vidas não serão arruinadas e que certos fatos e sentimentos não mudarão. Elas precisam saber que podem confiar em você. Diga-lhes isso com seriedade e com freqüência, porque leva tempo para que sedimentem essa certeza.

- "Você não é responsável de forma alguma pelo divórcio."
- "Nós estamos nos divorciando um do outro; não estamos nos divorciando de você."
- "Estamos tristes com o que está acontecendo e lamentamos por você e por nós."
- "Você sempre vai ser cuidado e protegido."
- "Ninguém vai exigir que você tome partido de um dos seus pais."
- "A decisão de nos separarmos já foi tomada; você não pode mudar isso."
- "O fato de o Papai e a Mamãe não servirem mais um para o outro não significa que não servimos mais para ser seus pais. Podemos ser um pai e uma mãe para você sem sermos marido e mulher um do outro."
- "Mesmo pais bons se divorciam, e podemos continuar a ser bons pais para você."
- "Sentimos que temos problemas que não conseguimos resolver. Nós dois lamentamos muito isso."
- "Nós nos amávamos quando você nasceu e o amamos muito agora. Isso não vai mudar nunca."
- "Sentimentos de amor entre adultos podem mudar, mas o vínculo duradouro de um pai ou de uma mãe com seu filho é um amor diferente e especial."
- "Você pode achar essa situação dolorosa e difícil agora. Mas a felicidade há de chegar. Acredite em mim."

Contando para os Outros

Informar a família e os amigos sobre sua decisão parecerá bem mais fácil do que contar para suas crianças, já que a vida deles não será afetada tão fortemente quanto a de seus filhos. Pode ser que a situação não seja novidade para os adultos com quem você confidenciou ou que estavam conscientes do estresse do seu casamento. Quando possível:

- Informe pessoalmente a cada pessoa que precisa saber de sua separação, seja por telefone, seja por carta. Por mais relutante que você se sinta com relação a essa atitude, lembre-se de que será mais fácil do que dar explicações depois. Evite embaraços e confusão (para você e para os outros) que com certeza surgirão se ficarem sabendo por meio de outra pessoa.
- Se há uma possibilidade de reconciliação, você pode querer dividir essa informação. Se o divórcio é inevitável, compartilhe também. Verbalizar o que está acontecendo ajuda você a se acostumar mais com a situação.
- Se achar que é o caso, escreva para aqueles que moram longe ou que você não vê com freqüência.
- Evite ficar discutindo detalhes desagradáveis do divórcio com amigos e familiares que querem (e devem) permanecer neutros; se agir dessa forma, eles não se sentirão impelidos a tomar partido. Você precisa falar da sua raiva e frustração, mas alguns dos que estão próximos a você podem não ser os receptores apropriados.
- Tenha em mente que você tem amigos em comum que poderão escolher continuar sendo amigos dos dois. Pode ser que você fique irritado ou magoado com alguns deles por não tomarem seu partido – apesar de você ter dito: "Entendo que vocês gostariam de continuar amigos de nós dois".
- Esteja preparado para a tristeza extra de perder alguns amigos. Certas pessoas casadas têm problemas de continuar amigos de alguém separado. Você pode se tornar uma ameaça para o próprio casamento delas. Outras gravitarão em torno do seu antigo parceiro ou parceira. Outras, ainda, vão sumir, à medida que seu estilo de vida se modifica. Pode ser que você nunca saiba por que alguns dos seus amigos se afastaram.

◆ Não se esqueça de informar a separação a outras pessoas importantes na vida de seus filhos, como a babá e os vizinhos, que poderão dar apoio a eles e ter mais condições de lidar com mudanças de comportamento que possam ocorrer.

A única coisa pior do que contar para os filhos é contar para os seus pais. A notícia pode ser um choque e uma tremenda desilusão para eles. Pais e sogros podem se sentir enganados ou embaraçados. Vocês podem falar com eles como casal ou individualmente. É natural que você busque sua família para "ficar do seu lado", mas pense em permitir a seus pais que continuem a se relacionar com o outro cônjuge e com a família dele.

Senti-me como uma fracassada ao contar para os meus pais. Eu era a primeira de uma família de seis filhos a pedir o divórcio.

Margaret Leduc, Michigan

Temos dois primos em primeiro grau que se casaram. Seu divórcio dividiu a família, à medida em que cada um teve de escolher um lado.

Anônimo

O rompimento de uma união não significa que todos os relacionamentos familiares precisam se dissolver automática e simultaneamente. Se a separação aconteceu em termos amigáveis com os sogros, entre em contato com eles assim que concretizar sua decisão de separar-se, mesmo que seu cônjuge já o tenha feito, a fim de criar uma base para manter as portas abertas.

Lembre-se de que eles serão sempre os avós dos seus filhos e que seu relacionamento contínuo com as crianças pode oferecer estabilidade em uma fase de incertezas, assim como servir de anteparo quando a vida se tornar estressante para seus filhos. A não ser que sejam alcoólicos ou tenham tendência a praticar abusos, é importante contribuir, no sentido de deixar crescer o relacionamento entre avós e netos. Tranqüilize os avós, garantindo-lhes que não perderão o contato com os netos – e então trabalhe para que isso não aconteça. O divórcio é uma perda para eles e a maioria dos avós gosta de manter uma relação estreita com os netos. Pais que confiam em si mesmos farão tudo para fomentar esse tipo de relacionamento após o divórcio.

Diga a seus pais que tipo de ajuda você deseja deles: emocional (para atuar como uma caixa de ressonância), prática (cuidando da criança), financeira (roupas escolares para as crianças) ou qualquer outra. Alguns filhos adultos de pais que se divorciam muitas vezes têm de mudar de casa por um tempo. Seja específico em suas solicitações de ajuda. Nem todos poderão ser contemplados, mas não tenha medo de pedir.

"Devo Dar Parabéns ou Pêsames?"

Para os outros, ouvir você falar sobre seu divórcio é desconfortável. As pessoas não sabem o que dizer. Um simples comentário seu só para dar a notícia pode ajudar a colocar a pessoa em melhor posição sobre como responder. Você pode dizer: "Estamos nos separando e *(a)* eu tive de pedir a ela/ele para ir embora, *(b)* eu fiquei tão surpreso quanto você, *(c)* foi uma decisão difícil, mas mútua ou *(d)* !*&#!@%!$!"

VENDO O LADO BOM DA COISA

Por mais difícil que uma transição venha a ser, há algumas vantagens que você experimentará ao longo do caminho. Nos seus dias mais nebulosos, lembre-se de que:

- Você atravessou a maior ponte – a da mudança. O medo da mudança muitas vezes é pior do que a mudança em si.
- Sua casa vai ficar mais tranqüila. Vão acabar as brigas constantes e a exposição de emoções rudes. Você não vai mais pisar em ovos. Sua casa vai se tornar um porto e um refúgio, deixando de ser um lugar onde você não gostava de estar. Você não será mais criticado nem magoado.
- O relacionamento familiar vai ser simplificado. Você vai lidar com menos assuntos.

- Se você conviveu com o comportamento imprevisível de um cônjuge quimicamente dependente, sua vida ficará mais estável.
- Você descobrirá, para seu conforto, que de fato não é uma pessoa imprestável!
- Educar uma criança só significa fazer o que você quer e não o que "acha que deveria" fazer com seu cônjuge. Se para você tanto faz se os brinquedos serão ou não guardados hoje, isso deixa de ter importância. Agora você também pode criar aquele animal de estimação ao qual seu cônjuge era alérgico.
- As circunstâncias podem levar seus filhos a se tornarem mais auto-suficientes e responsáveis. O resultado pode ser um aumento da auto-estima.
- Agora você terá tempo para desenvolver e reavivar amizades com pessoas do seu sexo, especialmente aquelas às quais seu cônjuge não dava importância.
- A tomada de decisões e a criação de um estilo próprio pode gerar novos hábitos e até ser bastante agradável. Você pode comer o que gosta, viajar quando e para onde quiser e ajeitar o orçamento de acordo com suas prioridades.
- Você descobrirá um mundo de coisas novas que é capaz de fazer sem a ajuda de ninguém.
- Você pode dormir no meio da cama, assistir à televisão até a hora que quiser, deixar cair migalhas de pão no lençol e usar o banheiro à vontade, na hora que quiser (a não ser que tenha filhos adolescentes, é claro).
- O espaço no seu guarda-roupa vai aumentar.

E o Lado Não Tão Bom

Antes de sua família se reorganizar, ela vai se desorganizar. As pessoas costumam subestimar a dificuldade dessa transição e a duração do tempo – por vezes muitos anos – até que haja estabilidade suficiente para proporcionar conforto e um senso renovado de futuro.

Os divórcios nem sempre são realizados entre duas pessoas que cooperam, portanto nem sempre são fáceis para pais e filhos. Um dos pais pode "fazer" um divórcio sozinho, o que quer dizer: nem sempre você vai ser capaz de torná-lo melhor para seus filhos, por mais entendimento que você tenha e por mais incrível que seja sua capacidade em termos de comunicação. O que lhe resta então é fazer a sua parte e repetir sempre, para si mesmo, a *Oração da Serenidade.*

Oração da Serenidade

Senhor, concedei-me a serenidade para aceitar as coisas que não consigo mudar, a coragem para mudar as coisas que posso mudar, e a sabedoria para saber a diferença entre uma e outra.

Muitas pequenas coisas vão sobrar para você agora. Você vai ser o último a apagar as luzes da casa à noite. Terá de pôr o lixo para fora, por exemplo, em vez de partilhar as tarefas com seu cônjuge. Existem várias outras coisas difíceis que você vai encontrar pela frente:

- Encarar seu futuro financeiro sozinho vai ser amedrontador no começo.
- Seu estilo de vida provavelmente vai mudar. Famílias com apenas um cônjuge ou a divisão dos recursos familiares junto com a guarda freqüentemente causam diminuição da renda, o que costuma gerar estresse adicional nas crianças.
- A pessoa com quem você vivia pode não se sentir à vontade partilhando a criação dos filhos, devido a um sentimento de perda de controle – real ou imaginário. Infelizmente, também há pais que não se empenham em cooperar, partilhar nem dar apoio.
- Um cônjuge competitivo pode carregar esse traço para o divórcio, de forma que as brigas pelo poder ou a vontade de vencer acabem ocupando um espaço muito grande no processo.
- Não há ninguém com quem dividir as boas notícias.
- A nova solidão pode ser dolorosa por algum tempo. (Embora o próprio tempo acabe amenizando-a.)

Litígio, representação adequada e lisura no divórcio nem sempre são possíveis quando o dinheiro é limitado – e, quando não o é, também. Em relação aos adultos, o divórcio pode exaurir, desmoralizar, arruinar financeiramente e deixar as pessoas alienadas.

No Caso das Crianças, Raramente
Há um Lado Bom no Divórcio.

Quando Estamos Caídos de Costas,
Só Há uma Direção para Onde é
Possível Olhar: para Cima.

R. W. Babson

CAPÍTULO 2

COMO OS FILHOS VÃO ENCARAR A SITUAÇÃO?

Os psicólogos dizem que o divórcio só é menos traumático para uma criança do que a morte de um dos pais. Em muitos casos, ambos são sentidos como um choque total. Mas na morte o pranto é aceito e encorajado; amigos e parentes estão à disposição para ajudar e consolar tanto adultos como crianças. Porém, nas crises de divórcio, o apoio dos pais e dos parentes não costuma estar disponível para os filhos. Freqüentemente, os próprios pais são incapazes de lidar com a situação e não estão aptos para cuidar de seus filhos de forma adequada. Além disso, podem guardar sua tristeza para si mesmos, achando que estão poupando os filhos; na realidade, essa atitude pode impedir que as crianças enfrentem o período normal de aflição que ajuda a aliviar o sofrimento. De acordo com um relatório no *Pediatric News* (junho de 1985), o processo "normal" de pranto para as crianças varia de 4 a 12 semanas. Esse espaço de tempo se refere à mágoa inicial. Sintomas desse pranto incluem acessos de raiva, baixa energia, choro e constante questionamento. Outras pesquisas sugerem que o processo total de pranto é melhor medido em termos de meses e às vezes de um ano – não de semanas.

Você pode se perguntar por que os filhos se afligem. Eles não deveriam se sentir aliviados, especialmente se testemunhavam brigas entre os pais? Lembre-se de que muitas crianças são felizes na vida com a família, mesmo que os pais não o sejam. O sofrimento que a criança sente pode não necessariamente ter a ver com sua proximidade ou não com os pais e, portanto, pode-se esperar que ela se ressinta, mesmo que veja seu relacionamento com eles como ínfimo. Quanto mais forte for a ligação de uma criança com um pai ou uma mãe agora distante, mais difícil será para ela.

Os Filhos Precisam Se Sentir Seguros.
Você Vai Favorecer ou Entravar Esse Processo?

O Que Você Pode Esperar

De acordo com as pesquisadoras Wallerstein e Kelly, no California Children of Divorce Project, as reações das crianças, ao saberem da separação e do divórcio, são:

- choque, surpresa e descrença
- preocupação se o seu mundo vai mudar
- tristeza e solidão
- vergonha e sentimento de se achar diferente
- raiva em relação aos pais
- confusão quanto à lealdade

Esses sentimentos condizem com os estados gerais de aflição frente à morte e ao processo de morrer, como delineados por Elizabeth Kubler-Ross, em seu trabalho *Sobre a Morte e o Morrer,* verdadeiro divisor de águas sobre o assunto. Os últimos passos nesse processo são o pranto da perda e a aceitação. Mas o divórcio, ao contrário da morte, torna a pessoa que está indo embora disponível e indisponível, simultaneamente.

Ser razoavelmente franco sobre seus problemas com os filhos – crescidos o suficiente para entenderem e admitirem seus sentimentos com relação ao fato de o casamento ter se desfeito – vai ajudá-los no estágio de aflição. Resolver antigas mágoas entre você e seu cônjuge e esclarecer problemas de dinheiro e guarda dos filhos de forma amena e rápida vai ajudar na tomada de um novo rumo na vida de cada um.

Algumas crianças protegem seu lado emocional, amortecendo os sentimentos. A apreensão que a maioria delas experimenta em relação à incerteza em que ficarão daí para a frente excede em muito qualquer alívio que possam sentir ao final de um casamento permeado pela raiva. Reconheça esses sentimentos de ambivalência nos seus filhos; perceba que eles vão sentir ao mesmo tempo raiva e alívio e mostre-lhes que está tudo bem quanto a essa reação.

Crianças que demonstram poucos sentimentos não estão necessariamente mais nem menos perturbadas do que outras, que parecem mais abertamente angustiadas. Lembre-se de que a forma como uma mágoa é expressa nem sempre corresponde à forma como ela é sentida. A maioria das crianças vê o divórcio de seus pais como o maior trauma da sua infância.

Embora as pesquisas sugiram que o divórcio machuca as crianças pelo menos uma vez, é errado concluir que todas têm problemas significativos ou os experimentam da mesma maneira. Quanto uma criança é afetada pela separação varia e os efeitos não serão determinados por um só fator, mas por vários. As reações das crianças dependerão da sua idade, personalidade, de seu sexo, das circunstâncias econômicas, de suas habilidades para lidar com problemas, da natureza da sua família, grau de continuidade do acesso aos pais, presença de uma terceira pessoa e do grau de hostilidade expressado com relação a ela. As reações de seus filhos serão, em grande parte, determinadas pela proporção das suas. Modelarão seu comportamento conforme você estiver lidando com a situação.

A Forma Como Você Lida com a Transição do
Divórcio e com a Raiva Afetará Seus Filhos
Mais do Que o Próprio Divórcio em Si.

Os problemas de comportamento das crianças podem ser alterados ou reduzidos quando os pais respondem a elas com ações e palavras adequados à sua idade. A melhor maneira de ajudá-los é tomar conta de você mesmo e evitar demonstrar uma hostilidade aberta em relação ao cônjuge. Não importa quão difícil ele seja, lembre-se: para que uma briga ocorra, é preciso haver pelo menos duas pessoas!

As crianças prosperam na estabilidade e na rotina. Em contrapartida, a insegurança e a ansiedade são reações normais durante a mudança provocada pela separação e pelo divórcio. Quanto mais puder fazer para manter uma base estável para seus filhos, mais eles se darão bem. Manter a rotina é uma maneira de reduzir a incerteza e garantir às crianças que seu mundo não está caindo por terra. As rotinas de cada família são únicas; faça o máximo para preservá-las.

É muito comum quem estiver dando início ao divórcio achar que os filhos estão se saindo bem, enquanto a pessoa abandonada vê as crianças perturbadas ou prejudicadas.

> *Mantive um esquema diário estruturado para minha filha de 3 anos e meio. Conservamos as ligações com amigos antigos, comemos comidas familiares e despendi tempo e qualidade de vida com ela naquele primeiro ano. Tivemos de mudar de casa. Anos depois, ela me participou sua raiva por termos mudado de uma casa para um apartamento.*
>
> *Susan Resnik, Nova York*

O QUE FAZER COM OS "POR QUÊS?"

Provavelmente, você vai se defrontar muitas vezes com a pergunta *"Por quê?"* colocada por seus filhos. *Por quê?* abrange um monte de porquês. *Por que eu? Por que nós? Por que você não me ama o bastante para fazer esse casamento dar certo? Por que afinal isso está acontecendo? Por que não podemos morar juntos novamente?* Se você foi sincero com seus filhos e ainda assim eles continuam querendo saber a verdadeira história que está por trás do seu divórcio, eles podem com certeza estar fazendo estas perguntas ocultas:

- Eu sou responsável por isso?
- Você vai ser o próximo a me deixar?
- Você vai me amar sempre?

Uma só rodada no sentido de restabelecer a confiança não é suficiente. Seus filhos vão precisar que você volte outras vezes ao tema.

Ouvir uma pergunta do tipo "Por que você fez o Papai/a Mamãe ir embora?" é muito doloroso. Você precisa lembrar a si mesmo que você é o adulto. Seu filho provavelmente não pode participar de sua perspectiva. Suas reações infantis são exatamente isso: reações infantis. Parte do seu trabalho como adulto será lidar com seus sentimentos de uma maneira adulta, madura. Não é fácil, é claro. Reconhecer o sentimento de tristeza, raiva ou frustração de seu filho é a melhor resposta quando seus argumentos racionais não são aceitos.

A Idade Faz Diferença

A idade de seus filhos vai ser o principal fator a determinar quais reações você pode esperar, que mudanças de comportamento podem ocorrer e como você pode ajudar a cada um deles. Sua explanação e a escolha das palavras ao falar sobre seu divórcio também vão ser diferentes, se uma criança tiver 2 anos e a outra 12. Você tem de levar em conta seu nível de entendimento, informações anteriores sobre divórcio e o sexo a que ela pertence.

No entanto, alguns problemas parecem ser quase universais entre crianças de todas as idades: partem da premissa de que a culpa é de um deles. Mas, enquanto um adolescente fica admirado e indaga se foi o causador da separação, uma criança menor simplesmente assumirá a responsabilidade pela culpa e solicitará repetidamente que você a tranqüilize com relação ao fato.

Por terem poucas lembranças do passado, crianças muito pequenas se adaptam rapidamente às novas realidades e tendem a ficar menos perturbadas do que as que estão em idade pré-escolar. A criança desta última categoria não entende completamente as implicações da separação e do divórcio, mas ainda assim percebe a ausência do pai ou da mãe e costuma sentir medo de ser abandonada. Crianças entre 7 e 8 anos ficarão tristes e, se surgir outra pessoa ou houver novo casamento, sentirão medo de ficar deslocadas na família. Uma criança com 9 ou 10 anos sentirá raiva e poderá se considerar vítima de um acontecimento sobre o qual não tem controle, enquanto um adolescente pode nutrir raiva em relação ao pai ou mãe que ele vê como o culpado e sentir-se constrangido pelo conjunto da situação. No seu egocentrismo natural, a maior parte das crianças se preocupará com a modificação que sua vida sofrerá. Onde vão morar? Terão de mudar de escola? Ainda sairão de férias e poderão ir ao acampamento? O que acontecerá se um dos pais mudar para longe ou se casar de novo?

É comum crianças de qualquer idade assumirem um partido, quase sempre com base em observações incorretas ou palavras enviesadas de um dos pais.

Um ponto em que os pais que conseguiram conduzir bem os filhos por ocasião do divórcio parecem concordar é que os melhores exemplos de adaptação ocorrem com crianças cujas vidas são regulares: vão para a cama e fazem suas refeições na hora certa, não vivem em frente da TV, têm atividades bem organizadas e continuam a ter contato com os parentes do pai ou da mãe que se ausentou, assim como com ele/ela. Também não é o momento de deixar de lado a disciplina ou de atender a todo e qualquer pedido da criança.

LACTENTES E CRIANÇAS ATÉ 3 ANOS

Crianças muito pequenas podem ser incapazes de classificar a experiência do divórcio. Entretanto, bebês percebem que alguma coisa está diferente e normalmente reagem com respostas corporais e comportamento regressivo, em termos de sono e do controle de suas funções excretoras. Quando os pais estão ansiosos, essas crianças detectam a emoção e, freqüentemente, também acabam ficando amedrontadas. A melhor maneira de você ajudar seu filho pequeno a se adaptar é fazer com que sua vida continue tão normal quanto possível. Faça as mudanças necessárias gradualmente. Crianças pequenas reagem de maneira mais intensa a elas, mas também tornam mais fácil a adaptação de longo prazo, pois a memória de como a família era apaga-se com maior facilidade e os novos ajustes do lar rapidamente se tornam normais. Crianças pequenas são fortemente afetadas pelo cuidado diário. Elas precisam de segurança, amor, atenção e rituais.

Mães que têm a guarda de bebês pequenos, em particular as que estão amamentando, compreensivamente dividem boa parcela de seu tempo com a criança. Ainda assim, é fundamental que jovens pais estabeleçam elos e compartilhem seu tempo mesmo com crianças muito pequenas, o que não vai diminuir o vínculo da criança em relação à mãe.

* Trabalhe consciente do fato de que seu filho pequeno vai chorar mais, ficará mais grudado em você e provavelmente se mostrará mais tímido que de costume, chegando talvez até a perder o apetite. Essas são reações normais a uma situação nova e amedrontadora sobre a qual ele não tem controle.

- Perceba que problemas de sono, embora sejam comuns, tendem a vir à tona, na medida em que o medo aumenta.
- Trate qualquer regressão apresentada por seu filho pequeno da maneira mais descontraída possível, não a encorajando nem a transformando em um cavalo de batalha. O acontecimento mais recente, seja no que se refere às funções excretoras, sono, hábitos, alimentação, seja referente ao comportamento geral, tende a ser o primeiro a desaparecer.
- Não se surpreenda se seu filho pequeno mudar rapidamente de acessos de raiva para uma aparente felicidade ou de um mau humor recolhido para um comportamento agressivo, violento. A insegurança que uma criança sente como resultado de uma mudança freqüentemente causa oscilações de humor. Algumas tornam-se até hostis.
- Crianças pequenas tendem a tornar-se cada vez mais irritáveis e mal-humoradas, podendo bater nos irmãos e agir mais agressivamente com outras crianças. Essas atitudes, assim como muitos outros padrões esperados de comportamento, são temporárias e se modificarão com o passar do tempo.

Hoje não consigo acreditar que me preocupei apenas com a maneira pela qual minhas duas garotas pré-adolescentes lidariam com o divórcio, achando que o bebê, com um ano de idade, não seria afetado. Ele estava confuso e perturbado e sofreu muito mais do que as meninas.

K. Campana, Arizona

O Que Você Pode Fazer para Ajudar

- Quanto antes for possível, combine visitas freqüentes, breves e regulares com seu cônjuge à casa onde a criança vive, pois serão mais confortáveis do que deslocá-la de uma casa para a outra. Mas as crianças são flexíveis e também podem se adaptar ao ir-e-vir entre uma e outra residência. É mais fácil para o pai ou mãe distante desenvolver um relacionamento pessoal no ambiente em que elas estão vivendo.

- No início, trabalhe com a idéia de visitas freqüentes, talvez até mesmo todos os dias, para que o cônjuge ausente possa participar da rotina na hora de colocar a criança para dormir. Se as visitas não forem freqüentes, ele poderá se tornar um estranho para a criança pequena.
- Proporcione a seu filho o amor e a atenção extras de que ele precisa, sem sufocá-lo nem mimá-lo demais. Não é bom para a criança obter a atenção antes depositada no cônjuge que agora está distante.
- Quando precisar de uma babá, peça-lhe que venha cuidar de seu filho em sua casa, de forma a perturbar o mínimo possível as rotinas normais da criança. Tente usar sempre os serviços da mesma pessoa.
- Use bonecos, desenhos ou brinquedos para transformar as informações sobre o divórcio em uma história que eles tenham mais facilidade de entender.

Minha filha tinha 5 anos quando não deixou seu irmãozinho contar ao pai, com o qual não viviam, que tínhamos visto um filme com um amigo meu. Mais tarde, quando inquirida, ela disse: "Eu não queria que Papai soubesse que você vai assistir a filmes com outra pessoa. Isso iria deixá-lo magoado". Percebi quanto peso meu ex-marido e eu tínhamos colocado em nossos filhos. Telefonei para ele e pedi-lhe para dizer às crianças que ele saía com amigos e que não ficava sozinho quando as crianças não estavam com ele. Ele entendeu. É uma responsabilidade nossa eliminar quaisquer preocupações da vida de nossos filhos.

Anna Weintraub, Califórnia

CRIANÇAS EM IDADE PRÉ-ESCOLAR

O medo que uma criança em idade pré-escolar tem do abandono manifesta-se sob várias formas de ansiedade de separação. Quando os pais são separados, essas crianças freqüentemente sentem medo que quaisquer pensamentos negativos sobre seus pais se transformem em realidade. Elas acham que agora estão sendo punidas por um mau desejo ou por um pensamento raivoso e sentem-se culpadas pela separação. Pode ser útil pensar em termos de "Complexo de Édipo". Não é raro garotos e garotas nessa idade estarem começando seus "casos de amor" com os pais do sexo oposto. Podem ter fantasiado que um dia tomariam o lugar do Pai em relação ao afeto da Mãe ou vice-versa. Tomemos como exemplo um menino em idade pré-escolar que inconscientemente "ame" mais a mãe do que o pai e de repente – para essa criança, de uma maneira quase mágica – ele vai embora. Esse tipo de "pensamento mágico" pode até impedir as crianças de perguntarem por que o divórcio está acontecendo. No final, acham, seguramente, que na realidade são as culpadas, como suspeitavam. É necessário repetir o tempo todo para essas crianças que elas não estão sendo punidas e que de forma alguma são responsáveis pelo que está acontecendo entre seus pais. Elas precisam ouvir que o fato de o pai ou a mãe estar indo embora não significa que não são amadas ou que não são dignas de amor.

O Que Você Pode Fazer para Ajudar

- Não se surpreenda se seu filho em idade pré-escolar tornar-se preocupado em "ser bom", especialmente se sua separação foi repentina. A criança pode sentir que seu mau comportamento anterior foi a causa da partida do pai ou da mãe ou que ela pode ser mandada embora.
- Entenda que haverá uma ansiedade adicional quando o pai ou a mãe que cuida da criança sair. Repasse sua agenda diária com seu filho todos os dias. Devido ao processo imaturo de pensamento da criança, o abandono é um medo real. ("Se o Papai foi embora, a Mamãe também pode ir, certo?") Quando voltam para o pai ou a mãe com quem vivem, muitas crianças podem responder com uma explosão que é realmente uma expressão raivosa de medo e de ansiedade, sentidos enquanto estavam distantes.
- Você pode esperar regressão em certas atitudes, incluindo talvez um retorno à segurança de um esquecido cobertor ou um aumento na masturbação e no ato de chupar o dedo – qualquer coisa que a criança pense poder fazê-la voltar para a se-

gurança do seu tempo de bebê. Alguns comportamentos regressivos, como a perda do controle da bexiga ou do intestino, vão exigir sua paciência e atenção. Permita esse comportamento dentro de um certo limite. Na verdade, poder contar com algo que lhe dê segurança – um cobertor ou um brinquedo favorito – pode ser de grande valia para seu filho durante esse período.

- Tenha paciência com uma criança que parece voltada para si mesma. O egocentrismo nessa idade é normal. Quer se trate de brinquedos quer se trate de pais, dividir não é fácil para ela. ("Eu vou ter os brinquedos que eu quero?") A possessividade pode também ser um esforço da criança para retomar o controle, para literalmente "segurar" as coisas em uma fase em que todos os fatos que estão acontecendo se situam além do seu controle.
- Tenha paciência com uma criança que se torna exageradamente sensível a ferimentos reais ou imaginários, pois essa atitude pode ser a expressão de uma necessidade de receber carinho e atenção.
- De vez em quando, reserve algum tempo para conversar a sós com seu filho, de maneira que ele possa desabafar, o que, na correria do dia-a-dia é inviável.
- Não sobrecarregue uma criança pequena com histórias sobre seu ex-cônjuge. Talvez você não conheça a história toda e, mesmo que a conheça, não deve contar a seu filho.

Crianças Que Estão no Ensino Fundamental

Crianças entre 6 e 10 anos freqüentemente reagem ao divórcio de forma diferente das menores e dos adolescentes e, por vezes, sofrem profundamente. São muito crescidas para negar a situação por meio da fantasia e muito jovens e imaturas para se distanciarem das implicações ou perceberem que não são responsáveis. Podem, inclusive, fazer tentativas exageradas para serem complacentes e submissas.

Crianças dessa idade também sentem medo de perder seu espaço. ("Eu vou ter uma nova mãe? Vai haver outra criança ocupando meu lugar na vida dos meus pais?")

Lembre-se de que:

- Mesmo que a relação com o pai ou a mãe ausente fosse limitada, sua ausência será sentida.
- O desejo de que os pais se reconciliem será muito forte.
- Frustradas pelo próprio sentimento de impotência, essas crianças podem sentir muita raiva de ambos os pais por "terem deixado isso acontecer".
- Não é incomum surgirem dores de estômago, de cabeça ou uma piora da asma.
- Observe o comportamento escolar do seu filho e não hesite em pedir uma reunião com o professor se as notas caírem. Embora algumas crianças até melhorem seu desempenho na escola, como maneira de encobrir o que está acontecendo em casa, outras cairão em seu rendimento, porque estão inquietas e distraídas com as preocupações sobre seus pais. Às vezes, a criança pode deixar suas notas piorarem como uma manobra para conquistar a atenção dos pais e fazer com que voltem a se unir.
- Perceba que seu filho pode alinhar-se com seu cônjuge e assumir o papel adulto do cônjuge ausente. Por exemplo: uma criança pode tentar agir como mãe ou pai para os irmãos mais novos.

Nossos filhos, com 9 e 11 anos, ficavam zangados com o pai porque ele agia como se tudo estivesse normal.

Toni Richardson, Minnesota

O Que Você Pode Fazer para Ajudar

- Avise o professor de seu filho sobre as mudanças que estão acontecendo em sua casa e informe seu filho de que o professor está sabendo da situação. Se a escola tiver um orientador pedagógico, você também pode incluí-lo em sua conversa.

- Faça uma lista de todas as ajudas que a escola pode proporcionar, se as notas e o comportamento piorarem. Uma terceira pessoa pode ser necessária para abordar corretamente os problemas e as maneiras de lidar com eles.
- Preste atenção ao relacionamento de seu filho com outras crianças. Depressão, medo de rejeição ou sentimento de vergonha podem fazer com que se afaste delas e prefira a companhia de adultos.
- Prepare-se para expressões de solidão em relação ao cônjuge ausente. Crie o tempo para visitas freqüentes. Lembre a seu filho de quanto tempo falta para que ele o veja. Mostre a ele que o cônjuge ausente sente sua falta da mesma maneira que você, quando ele não está por perto. Tornar o acesso mais fácil ou mais freqüente pode diminuir a angústia ou a saudade da criança em relação ao cônjuge que foi embora. (Isso, obviamente, não se aplica a um pai ou a uma mãe que tenha tido um comportamento violento ou tenha sido abusivo física ou sexualmente.)
- Encoraje o contato e o relacionamento com avós e outros adultos para amenizar os momentos de solidão e também para que eles possam ser vistos como modelos diferentes de comportamento.
- Não substitua o seu tempo por comida e diversão, o que pode levar a um problema de preencher o "vazio" com uma alternativa ruim e instalar um vício para o resto da vida.
- Não discuta problemas financeiros com seu filho. Crianças nessa idade tendem a interpretar ao pé da letra quaisquer comentários que você faça sobre "mudar para debaixo da ponte ou ser incapaz de comprar 'roupas decentes'" e vão começar a se preocupar, provavelmente sem dizer para você.
- Seja específico ao chamar a atenção para o fato de que alguns problemas são só para adultos.
- Ajude seu filho a falar sobre o divórcio com os amigos. Como em geral ficam embaraçados, eles necessitam freqüentemente de encorajamento para isso. Conversas com velhos amigos proporcionam uma oportunidade natural para partilhar essas informações.

Tenha em mente que, se seu filho se recusa a falar sobre o divórcio, pode ser porque ele o está negando ou sentindo medo de acrescentá-lo a suas preocupações. Puxe o assunto e ofereça-se para responder às perguntas a qualquer momento.

Fiquei comovida com a história que minha filha de 7 anos escreveu sobre a visita que o pai fez a ela na Lua. Ela com certeza estava com saudades e sentiu que ele estava muito longe. Comecei a incentivar seu pai a visitá-la e a telefonar para ela com mais freqüência.

Gabrielle Peton, Minnesota

Coloque-se no lugar de seu filho, usando palavras como: "Se eu tivesse 7 anos, acho que estaria querendo saber a respeito de... Você não está?" Os terapeutas em geral contam para as crianças como outras se sentiram em relação ao divórcio. Se seus pais eram divorciados quando você era criança ou se você observou outras pessoas passarem por esse processo, diga a seu filho como eles lidaram com a situação.

Pré-Adolescentes e Adolescentes

Pré-adolescentes e adolescentes não estão, necessariamente, mais bem preparados para lidarem com o divórcio por causa da idade. Raiva e incerteza são reações comuns a eles, embora sejam mais capazes de ocultar seus sentimentos. Muitas vezes, acham mais fácil expressar sua raiva e tristeza.

Suas necessidades são diferentes das de crianças pequenas. Eles estão aprendendo a se separar da família como uma unidade em seu pleno crescimento rumo à independência. O divórcio vem lhes adicionar conflitos. Freqüentemente, sentem necessidade de se alinhar com um dos pais e tornam-se mais ligados à idéia de manter a união da família. Outros encontram a oportunidade de esgueirar-se por brechas e separar-se totalmente da família, evitando a disciplina dos pais e a responsabilidade.

Se um lar é tenso e a família briga sempre, uma reação básica de um adolescente será simplesmente escapar. Essa "escapada" pode assumir muitas formas, incluindo desinteresse, ficar longe de casa, usar drogas, sair da escola e mesmo escolher uma gravidez indesejada com o intuito de se sentir uma pessoa desejada e amada.

Apesar de sua rebeldia natural, os adolescentes costumam ser muito moralistas e críticos em relação ao divórcio. Tendem a transformar o pai ou a mãe que julgam culpado em um bode expiatório. E correm o risco de ser usados de maneira desonesta por um dos pais como aliado contra o outro. Eles terão dificuldades em classificar o pai e a mãe que foi embora como uma boa pessoa. Também vão achar que os pais são muito egoístas por desarranjarem suas vidas dessa maneira. É importante lembrar que:

- Embora seu adolescente pareça ser mais capaz de lidar com seu divórcio do que crianças menores, ele pode estar sentindo uma grande dose de dor e constrangimento.
- Os adolescentes podem experimentar o medo de que os próprios casamentos venham a fracassar algum dia e se questionam, pensando: "Eu nunca vou ter filhos e colocá-los em uma situação dessas".
- Se uma filha culpa a mãe pela partida do pai (se ele partiu por causa de uma nova mulher), pode estar se sentindo rejeitada e necessitar de um aconselhamento para não levar esse problema para seus relacionamentos futuros.
- Os adolescentes normalmente ficam perturbados e constrangidos com as necessidades sexuais de seus pais. Também é difícil para eles lidar com a sexualidade dos pais enquanto estão no processo do conhecimento da própria sexualidade. Por vezes, há uma verdadeira competição com os pais nessa área, em particular.
- Mesmo adolescentes bem resolvidos, que antes tinham boa capacidade de comunicação, talvez fiquem temporariamente retraídos, como forma de lidar com seus sentimentos. Podem ter medo de magoar os sentimentos de um dos pais e guardam sua dor.
- Um adolescente que se alinha com o cônjuge que não começou o divórcio pode estar respondendo a uma necessidade de

equilibrar o enredo da família, ao proporcionar companhia e suporte emocional ao que é visto como abandonado.

- Alguns adolescentes preferem escapar de maneira saudável, gastando mais tempo com um amigo ou parente. É difícil não ver essa atitude como rejeição a um dos pais mas, em geral, trata-se apenas de uma resposta temporária da parte deles.

O Que Você Pode Fazer para Ajudar

- Pratique (ou aprenda) habilidades para se comunicar bem. As frases devem começar com "Sinto-me *(interessado, confuso, triste, infeliz)* quando...", em vez de "Você está – ou é – *(atrasado, piegas, errado)...*".
- Afirme a seus filhos que, embora o divórcio possa ser muito constrangedor, não é vergonhoso. Vocês ainda são uma família – com uma configuração diferente – e ainda existem um pai e uma mãe que cuidam e se preocupam com eles. O simples fato de verbalizar a palavra *constrangedor* definirá os sentimentos deles de maneira que possam começar a lidar com eles.
- Encoraje seu filho a continuar desenvolvendo sua independência e seu círculo externo de interesses: escola, esportes, amigos. Se você não detém a guarda do filho, esteja preparado para proporcionar transporte para as atividades escolares ou acontecimentos esportivos e/ou estar presente a eles, de forma que seu filho não tenha de desistir deles para ver você.
- Reserve o máximo de tempo que puder para comparecer a palestras na escola, apresentações ou eventos esportivos dos quais seu filho participe. Adolescentes precisam que você demonstre interesse bem mais que as crianças em idade préescolar.
- Dê a eles o máximo de informações que solicitarem e com as quais possam lidar. Freqüentemente buscam respostas simplistas e podem extrair conclusões incorretas e injustas. Alguns podem adotar uma atitude pseudomadura e envolver-se mais do que deveriam nos assuntos conjugais.
- Não renuncie a impor limites razoáveis, regras e toques de recolher para um adolescente. Em tempos conturbados, muitos precisam de mais estrutura do que antes. Desculpe os ata-

ques verbais dos quais talvez você seja alvo, mas tenha cuidado para não ceder demais.

◈ Lembre-se: há uma grande diferença entre atuar como babá de uma criança do vizinho e tomar conta de um irmão mais novo. Os adolescentes vão se ressentir das responsabilidades colocadas sobre seus ombros, a não ser que façam parte de uma discussão e de um processo de tomada de decisões.

◈ Tenha cuidado para não exigir de seu filho mais apoio, assistência ou companheirismo do que pode oferecer nessa idade. Alguns despertam e experimentam um aumento na auto-estima, mas outros acabam ressentidos com as exigências extras e sobre como vão desempenhar um papel que não lhes é familiar. Deixe que o comportamento e as palavras deles sejam seus guias.

◈ Não os sobrecarregue com informações sobre seu ex-cônjuge, nem os encoraje a tomar partido. Isso vai fazer com que se sintam manipulados, coagidos ou subornados.

◈ Fique atento para sinais de distúrbios, que vão da negação e da depressão à fuga, tentativas de suicídio ou uso de drogas. Se descobrir que seu filho está mostrando sinais de qualquer tipo de abuso de substâncias químicas, busque ajuda profissional imediatamente.

◈ Tente lembrar de seus sentimentos quando adolescente e amplie sua tolerância e nível de entendimento.

A guarda de adolescentes às vezes é mais complicada do que a de crianças menores, porque eles podem ter preferências, que precisarão ser levadas em conta. Um adolescente mais velho dificilmente poderá morar com o pai ou a mãe que ele se recusa a tolerar. Uma discussão dos prós e contras com cada um dos pais será necessária.

Para uma criança que está partindo para um colégio ou faculdade, essa fase é especialmente complicada. Ela vai precisar sentir-se segura de que seus pais vão estar em contato e vão visitá-la. Um adolescente que está indo embora lida com sentimentos de separação e isolamento. Você também terá de determinar onde e com quem ele passará os feriados. Durante o primeiro ano, mudar a criança do local que ela sinta que é sua "base" para longe pode vir a somar-se de forma significativa ao estresse que ela sofrerá.

As crianças, em sua maioria, relacionam-se com os pais como uma unidade. Agora que na fase de amadurecimento começa a se relacionar separada e unicamente com cada um dos pais, você pode esperar e buscar o desenvolvimento de um novo e melhor relacionamento.

Quando eu trabalhava nas Varas de Família, muitas vezes conversei com adolescentes que tinham vivido com um dos pais desde o divórcio e agora queriam ter a chance de conhecer o outro. Não é que não amassem mais o pai ou a mãe com quem tinham vivido ou que a convivência não fosse mais aceitável. À medida que gastavam mais tempo descobrindo quem eram eles mesmos, precisavam saber mais sobre o pai ou mãe que "não tomava conta" deles. Por vezes, passavam com eles alguns meses, um ano, talvez apenas algumas semanas e então ficavam satisfeitos. Então pediam para voltar. Havia quem dissesse: "Os filhos não deviam poder jogar um pai contra o outro tanto assim", mas eu via isso como uma atitude normal.

Sally Brush, Aring Institute, Ohio

A Melhor Ajuda para Filhos de Qualquer Idade

- Assegure à criança que a separação não é culpa dela.
- Não fique o tempo todo falando negativamente ou de maneira raivosa sobre seu cônjuge para a criança. Se não pode falar bem, contenha-se. Assuma sua raiva à medida que seus filhos entendam que podem ter – e têm – sentimentos diferentes dos seus.
- Evite ficar discutindo com seu cônjuge de maneira amarga na frente das crianças, a fim de que elas não achem que as diferenças são resolvidas com gritos e brigas. Lembre-se também de que retraimento e silêncio são apenas maneiras mais reservadas de raiva, igualmente destrutivas.
- Veja se consegue entrar em acordo com seu cônjuge sobre assuntos disciplinares, pelo menos na presença dos filhos.
- Faça um esforço especial para manter relações individuais com cada um dos filhos.

COMO OS FILHOS VÃO ENCARAR A SITUAÇÃO?

- Mostre a seu filho que não há problema em amar o pai ou a mãe ausente. Uma criança que quer ser como mamãe ou papai não está sendo desleal com você.
- Não compare seu filho com seu ex-cônjuge, mesmo quando as semelhanças são marcantes e dolorosas de se observar.
- Não culpe o cônjuge que foi embora pelas ansiedades, medos ou problemas da criança nessa fase difícil. Não faça referências ao assunto nem para ele nem para a criança.
- Ajude seus filhos a não sentirem vergonha do divórcio. Mas, se a sente e exclui seus filhos, eles também vão se sentir envergonhados e preocupados em encarar seus amigos e colegas de escola. Um divórcio não pode transformá-lo em um fracasso.
- Não faça de seu filho um mensageiro entre você e seu ex-cônjuge. As crianças não vão gostar de estar no meio, mas provavelmente não vão contar isso para você.
- Comunique aos professores de seu filho as mudanças ocorridas na estrutura de sua família, de forma que possam ajudá-lo.
- Não faça muitas mudanças de uma só vez na vida de seu filho.
- Distribua as tarefas domésticas de modo que nenhuma criança fique sobrecarregada. Encontre formas de fazer com que as tarefas domésticas sejam completadas apesar da ausência de quem sempre cortou a grama, lavou o carro e por aí afora. As crianças não devem fazer todas as tarefas do Papai ou da Mamãe relacionadas à casa.
- Não pergunte a uma criança com quem ela gostaria de morar nem de quem ela gosta mais... nem direta nem indiretamente!
- Incentive seu filho a retomar as atividades normais.
- Reconheça o desejo profundo de seus filhos terem uma família reunida, mas sem oferecer falsas esperanças nem negativas cheias de raiva.
- Inclua seu filho em quaisquer discussões apropriadas ou planejamento de detalhes com o cônjuge que vai se mudar para longe.
- Tente manter o máximo de controle emocional que puder. Se você se desequilibra a todo momento, seus filhos também

podem fazê-lo ou se sentirem obrigados a assumir papéis mais maduros que estão além de sua capacidade.

◈ Não transforme seu filho em seu confidente adulto.

E no que se refere a você, perdoe-se se não alcançou 100% nessa lista. Ninguém alcança!

Seu Filho Como Seu Companheiro

Tome cuidado com a estressante síndrome familiar de fazer de seu filho um confidente e companheiro, a qual os terapeutas familiares afirmam ocorrer de maneira cada vez mais freqüente entre pais solitários. Parece muito fácil e certo devotar sua vida a seu filho, mas os limites entre os papéis de adulto e de criança acabam sendo confundidos. Usar o filho como muleta faz com que muitos pais se atrasem no sentido de partir para a construção de uma nova vida. A idéia ultrapassada de que informações como preocupações financeiras e detalhes sobre relacionamento adulto "não são para os ouvidos das crianças" perdeu força. Mas o fato de os pais atuarem como seus companheiros coloca sobre os ombros delas uma responsabilidade que não é saudável. Envolver-se com tudo pode dar às crianças um sentimento temporário de importância, mas as que são transformadas em "pais" renunciam à parte da infância e os terapeutas estão atualmente voltando sua atenção para esse aspecto. Uma criança pode se ver como responsável pela felicidade dos pais e pode se sentir relutante (e culpada) quanto às próprias mudanças.

◈ Não confidencie a seu filho envolvimentos sexuais, detalhes financeiros ou seu sentimento geral de infelicidade em relação à vida.

◈ Cuidado para não transformar um lar antes centrado no casamento em um lar centrado em uma criança.

◈ Não cometa o erro de transformar a compreensão e a sensibilidade que seu filho tem com relação às suas necessidades em um motivo para fazer dele uma caixa de ressonância; procure terapia de grupo ou individual, se precisar conversar com alguém.

◈ Não confunda o fato de você ser o melhor amigo de seu filho com o fato de seu filho ser seu melhor amigo. As crianças se beneficiam com pais fortes, que possam ouvi-las e estarem à sua disposição, mas que não se apóiem nelas.

Uma criança que foi como seu melhor amigo durante anos pode estabelecer um rompimento drástico com você quando se tornar adolescente. Por vezes, quanto mais estreitos eram os laços entre os pais e ela, quando pequena, mais intenso pode ser seu rompimento, à medida em que, ao crescer, ela afirma um sentido de si mesma. Os pais devem aprender a deixar as coisas correrem de modo que os filhos não sejam forçados a fazer rompimentos divisórios. Isso é especialmente importante em famílias nas quais os pais pensam: "Somos você e eu contra o mundo, garoto".

O pior aspecto de você e seu filho serem companheiros é você perder sua autoridade. Muitas vezes, você compromete o que acha correto quando tenta ser um companheiro para seu filho.

Linda Lich, Michigan

INTERESSES LIGADOS AO SEXO

Uma das variáveis mais significativas, de acordo com a pesquisa realizada pelo Dr. John Guidubaldi, da Kent State University, é sobre o sexo. As garotas demonstram de forma constante melhor adaptação do que os garotos, em lares divorciados, indo desde as habilidades sociais até as notas na escola. De fato, diz Guidubaldi, o divórcio dos pais dificilmente parece afetá-las.

Os meninos pequenos, ao que parece, vêem o divórcio de uma forma claramente mais dura do que as meninas – talvez porque em geral é o pai que vai embora. Eles podem ter dificuldades com amigos e professores na escola porque são mais propensos do que as meninas a expressar sua raiva e tendem a ser mais agressivos e a se manifestarem mais fisicamente, em geral. O estudo de Guidubaldi indicou que os meninos procederão da mesma maneira que os outros na escola se estiverem em contato com o pai ausente. É interessante observar que, segundo estudos, nos Estados Unidos, meninos em guarda conjunta[*] são significativamente mais bem adaptados do que os que ficam apenas sob a guarda da mãe.

Um estudo de 1988, feito por Krein, na universidade de Illinois-Urbana, indicou que os meninos, muito mais do que as meninas, em lares com apenas o pai ou a mãe, tendem a aprender menos do que outras crianças que estudaram 1,7 ano a menos na escola.

Os problemas ligados ao sexo freqüentemente despontam nas garotas durante a adolescência, quando precisam saber que são importantes para o sexo oposto. Por vezes, uma garota pode achar que seu pai pode ter ido embora porque havia algo de errado com ela. Na verdade, o pai ou mãe, tanto no caso de um garoto como de uma garota, fornece uma grande contribuição para a confiança da criança em sua capacidade de se mostrar atraente para o sexo oposto e nas atitudes em relação a homens e mulheres, à medida que as crianças amadurecem. Como foi salientado na edição de outubro de 1985 da *Family Relations*, há pouco apoio para o mito popular segundo o qual a ausência do pai ou da mãe depois do divórcio gera filhos efeminados, filhas promíscuas ou delinqüentes juvenis. De fato, estudos mostram que o divórcio é fator não-confiável, no que se refere ao prognóstico de doença mental, depressão, mau comportamento ou delinqüência em crianças e adolescentes.

Todos os outros fatores permanecendo inalterados, os filhos parecem ficar melhor com o cônjuge do mesmo sexo. Em outras palavras, garotos que moram com os pais e garotas que moram com as mães são mais bem adaptados. Meninos que moram com a mãe podem sofrer pela falta de modelos de comportamento masculinos. Não se apresse em assumir que não há outros modelos de comportamento masculinos acessíveis por perto. Um professor, um avô, um tio querido, um primo mais velho atencioso ou um amigo da vizinhança também podem servir como modelos e ter efeitos positivos de longo prazo sobre o garoto. Um rapaz com um bom distanciamento da situação, que tome conta do menino, que esteja estudando o colegial na mesma escola em que ele estuda ou universitários que trabalhem como uma espécie de baby-sitters, podem fazer o papel de um irmão mais velho. A TV e o cinema também influenciam as crianças de forma positiva.

---

[*] A guarda conjunta existe nos Estados Unidos. Não faz parte da legislação Brasileira. (N. do C.T.)

Pais Homossexuais e Temas Relativos ao Sexo

Embora o divórcio fundamentado na preferência do pai ou da mãe por um parceiro do mesmo sexo não seja mais tido como tabu, ainda traz complicações e considerações adicionais a uma mudança de vida que em si já é bem difícil. Os filhos e o pai ou a mãe que não foram embora se defrontam com adaptações adicionais pelo fato de a sociedade ainda não aceitar totalmente o estilo de vida dos gays e das lésbicas. Tanto os adultos como as crianças terão de aprender a separar os sentimentos em relação ao pai ou à mãe homossexual e à preferência sexual de cada um.

O aconselhamento profissional costuma ajudar nessa situação e será proveitoso encontrar um terapeuta que seja sensível a esse tema. Ainda assim, os assuntos dolorosos relativos ao rompimento de um casamento são os mesmos tanto para heteros como para homossexuais. Você terá sorte se encontrar um conselheiro que possa lidar tanto com os temas sexuais como com os ligados à separação; caso contrário, precisará de dois profissionais diferentes.

Os filhos necessitam de respostas honestas. Na maior parte dos casos, pais homossexuais contam para as crianças sobre sua preferência sexual – e é assim que deve ser. Crianças crescidas o suficiente para entenderem as implicações que o assunto abrange terão muitas perguntas, algumas verbalizadas, outras não. Por exemplo: "Isso significa que eu vou ser homossexual? Se eu contar aos meus amigos, eles vão pensar que eu sou gay? Tenho de guardar esse segredo? Em quem mais posso confiar para contar isso? Alguém vai querer sair comigo?"

Filhos de qualquer idade devem ser informados de que as probabilidades de se tornarem gays são as mesmas das crianças que têm pais heterossexuais. Filhos mais crescidos podem precisar de ajuda para lidar com o próprio constrangimento. Adolescentes são sensíveis a quaisquer fatos inusitados que se refiram a seus pais, neles incluídos o delicado tema da sexualidade. Eles precisam que lhes seja dito que sua família ainda é aceitável, ainda que diferente das da maioria de seus colegas. A adaptação será mais fácil para eles quando, como ocorre em qualquer outro divórcio, os pais puderem lidar com eles de modo cooperativo enquanto trabalham o próprio relacionamento fora da criação dos filhos.

Embora as leis vigentes em cada país possam influenciar no resultado, não se deve esperar que um caso relacionado à guarda de um filho seja perdido se fundamentado na sexualidade do pai ou da mãe; é aconselhável, no entanto, manter esse tema fora do processo de divórcio. Ser franco, nesse caso, pode pôr em risco oportunidades de guarda conjunta, não importando o quanto você e seu cônjuge estejam de acordo em relação ao assunto. Para muitas autoridades, esse é um tema moral que pode complicar tudo.

Pais e mães homossexuais podem ser bons – ou não tão bons – em sua função como qualquer outra pessoa. O desejo de ter/viver com os filhos de alguém está separado da sexualidade desse alguém. E há muitos pais e mães gays. Um entre dez homens homossexuais é pai; uma entre três lésbicas é mãe. Oitenta e sete por cento dos filhos de pais homossexuais nasceram de casamentos heterossexuais. Muitos países, atualmente, oferecem grupos de apoio e de educação de crianças para pais e mães homossexuais e seus filhos.

FILHOS ADULTOS AINDA PODEM AGIR COMO CRIANÇAS

Casais divorciados acham que seus filhos adultos vão ser minimamente perturbados porque não necessitam mais do cuidado dos pais e têm seus próprios interesses. As coisas não ocorrem, necessariamente, dessa maneira. As reações dos filhos adultos freqüentemente são semelhantes às dos mais novos, mas em um nível diferente. Eles podem lamentar a perda de um modo de vida, achando que suas queridas memórias da vida familiar são apenas ilusões. Podem ficar constrangidos, especialmente se um dos pais estiver envolvido com uma pessoa mais jovem, talvez alguém da idade deles. E podem sentir raiva por serem sobrecarregados com um assunto que consideram outro problema: a necessidade que seus pais têm de apoio emocional em uma época em que têm as próprias dificuldades. Crianças crescidas tendem a se sentir atraídas para os detalhes, em vez de serem deles protegidas, como os pais fazem quando são pequenas. Infelizmente, a idade adulta torna mais difícil perdoar as fraquezas dos pais e suas atividades sexuais. Eles são uma tácita "política de segurança" estável e firme para crianças de qualquer idade e um rompimento destrói essa premissa.

- Não diga a seus filhos adultos que vocês permaneceram juntos para a segurança deles, seja verdade ou não. Eles podem ficar ressentidos.
- Ajude-os a entenderem que "todos esses anos" não foram uma fraude, que está tudo bem em manter suas boas lembranças intactas. Faça-os ver que as pessoas mudam e que pais são pessoas, não estátuas em pedestais.
- Esteja preparado para ver esses jovens adultos assumirem um partido, da mesma maneira que crianças menores fazem. Eles freqüentemente se vêem como protetores do pai ou da mãe que consideram ser a "vítima". Mesmo adultos, precisam ter permissão para estar com os pais. Depois de uns seis meses, sua raiva inicial vai diminuir, à medida em que tentarem estabelecer novos relacionamentos com cada um dos pais.
- Tire vantagem das oportunidades que agora você tem de, como indivíduo, construir novo relacionamento com seus filhos.
- Não insista na idéia de que filhos crescidos venham passar férias em sua casa, se eles se mostrarem relutantes. Alguns jovens acham difícil retornar quando não existe mais uma "família de verdade" e as velhas tradições não podem ser continuadas. Se eles têm suas famílias, é importante que estabeleçam suas tradições em seus lares. Você pode querer visitá-los durante as férias e fins de semana prolongados.

O Apoio dos Irmãos

Pouco foi escrito sobre o apoio que irmãos podem se oferecer mutuamente. Embora se tenha sugerido que o divórcio é mais difícil para uma criança solitária, isso talvez tenha mais a ver com o fato de que, quando um dos pais se muda, há uma diminuição "percentualmente" maior da família do que quando existem dois ou mais filhos. O suporte fraterno parece vir mais da idéia de partilhar uma experiência do que de conversar a respeito dela. De fato, as crianças parecem discuti-la muito pouco e não sabem como usar uma à outra como recurso ou apoio emocional. A falta de experiência sobre "sentir-se falando" a respeito do assunto é uma razão sugerida. Quando expostas a outras crianças em uma situação de grupo, no entanto, elas começam a aprender como usar as palavras para expressar sentimentos que podem aliviar a raiva e o estresse que estão experimentando. Além disso, tenha em mente que crianças estarão mais inclinadas a discutir sobre seus pais e o divórcio com um irmão, se não concordam com a atitude diferente dele ou com sua percepção do comportamento do pai ou da mãe. Isso conduz mais a julgamentos pessoais e divisão do que a ajuda e o apoio.

Um estudo mostrou que pais que permanecem atuantes na vida de filhos gêmeos, depois da separação, diminuem o chamado "comportamento gêmeo" (dependência entre os irmãos, timidez, passividade), particularmente com crianças do sexo masculino. Pai e mãe atuantes os ajudam a desenvolverem-se como indivíduos.

> *Nossos filhos estavam brigando bastante e queriam que cada um dos pais ficasse com um deles, separadamente, em cada casa, dentro do nosso arranjo para a criação deles e que trocássemos a cada semana, transformando-os, em meu modo de ver, em cartas avulsas. Eles diziam: "Se você e o Papai estão se divorciando, por que não podemos nos divorciar também?" Embora eu sentisse vontade de fazer isso prontamente, minha resposta foi "não".*
>
> *Julie Hall, Flórida*

Quando Se Pede Ajuda
a um Profissional

Embora algumas crianças atravessem a separação e o divórcio de seus pais quase sem problemas, outras sentem seus choques meses ou até anos depois, sofrendo nos aspectos social, escolar e emocional. Um pesquisador descobriu que metade de um grupo de crianças em idade pré-escolar estava mais perturbada um ano após o divórcio de seus pais do que havia ficado logo após o acontecimento. Na maior parte dos casos, tratava-se de crianças cujos pais ainda sentiam mágoa e raiva e não estavam proporcionando um carinho constante para elas. Ainda que não seja razoável esperar cinco anos para buscar ajuda profissional, vale a pena dar a seu filho algum tempo para se adaptar, talvez de seis meses a um ano, se os problemas não forem graves.

Acima de tudo, tenha em mente que nem todo problema emocional e de comportamento que a criança exibe é um resultado direto do divórcio. Uma briga na escola ou um eventual xixi na cama durante a noite não devem ser relacionados ao divórcio. Muitos deles serão ocorrências normais de desenvolvimento em crianças de qualquer tipo de lar. Livros que delineiam o desenvolvimento da criança ao longo dos anos escolares são excelentes recursos para se entender o que faz parte de um comportamento normal e o que faz parte de um comportamento problemático.

No entanto, problemas repetitivos em qualquer área ou um baixo desempenho escolar devem ser tratados. Um comportamento difícil não quer dizer que uma criança esteja psicologicamente perturbada. As crianças precisam de tempo – e por vezes de uma ajuda externa extra – para se adaptarem. A disciplina é normalmente o tema-chave familiar que inspira uma família a buscar ajuda profissional. Problemas de disciplina podem surgir da inabilidade dos filhos de classificarem seus sentimentos ou de se adaptarem à separação. Pode, também, ser que simplesmente faltem à criança a capacidade para lidar bem com a situação. Um comportamento errado pode ser resultante de medo, hostilidade ou insegurança e um sinal de que a criança precisa de uma atenção mais positiva. Crianças que não têm sucesso em conseguir retornos positivos vão tentar obter qualquer tipo de retorno, mesmo os negativos. Um comportamento "errado" pelo menos atrai a atenção do pai ou da mãe e a criança prefere isso a ser ignorada.

Estudos de longo prazo mostram que apenas 30% das pessoas que passam por um divórcio têm sérios problemas de adaptação social – a mesma porcentagem da população em geral – o que não significa descartar o fato de que esse tempo de transição cria traumas emocionais verdadeiros. Ao contrário, ele podem ajudar você a manter em perspectiva os problemas de longo prazo. Nem sempre é possível fazer os filhos felizes ou apressar seu processo de sofrimento. No final, eles terão de se adaptar à realidade do divórcio por si mesmos. Próximo ao fim do primeiro ano eles deverão:

✓ ter aceitado a realidade de que a família não vai mais viver junto e que você não vai voltar para o seu ex-cônjuge. (A maioria das crianças nunca abandona as fantasias de que vocês vão voltar a se unir, mas esse fato precisa ser colocado pelo menos em nível intelectual.);

✓ ter separado a si mesmos dos seus conflitos adultos e retornado à sua maneira normal de absorver as coisas e às suas atividades. Se você mudou de casa, eles deverão ter se ajustado ao novo lar, à nova escola e aos novos amigos;

✓ ter parado de culpar a si mesmos pelo rompimento;

✓ ter desenvolvido autoconfiança suficiente para lhes permitir afirmar se um dos pais (ou ambos) os está usando como mensageiros;

✓ ter aprendido a se recusar a permitir que um dos pais "fale mal" do outro.

Espera-se que leve apenas um ano para que os filhos cheguem a um bom termo com seus sentimentos básicos de perda da família original e com quaisquer rejeições ou deserções por parte de um dos pais, embora alguma raiva e tristeza ainda possam persistir. É reconfortante saber que, se tiverem feito uma adaptação bem-sucedida, seus filhos terão adquirido habilidades inestimáveis que usarão mais tarde na vida.

O Ressentimento Atinge Mais
a Quem o Sente.

QUANDO O ACONSELHAMENTO VAI AJUDAR

Crianças cujos pais brigam muito e depois se divorciam parecem precisar de mais ajuda do que as que pais brigam pouco antes de se separar. Como dissemos, os filhos são mais afetados pelo comportamento colérico dos pais.

Embora você não possa penetrar na cabeça de seus filhos e apressar o processo de angústia ou livrá-los da raiva, pode tentar lhes pro-

Considere a Ajuda Profissional Quando:

- Seu filho demonstrou um baixo desempenho escolar incomum por um semestre ou mais, mesmo depois de você ter verificado os problemas e de os ter trabalhado junto com os professores e orientadores pedagógicos.
- Seu filho está perdendo amigos porque se mostra anormalmente agressivo ou apático e não parece ser capaz de ficar na companhia de ninguém.
- Seu filho apresenta uma irritação intensa e anormal e tem acessos de cólera ou reage exageradamente diante de situações sem importância.
- Seu filho tem prolongadas mudanças de humor que vão da hostilidade à extrema afeição.
- Seu filho continua a sofrer de forma irrestrita por causa do pai ou da mãe que se ausentou e do antigo estilo de vida da família.
- Você observa outras mudanças radicais no comportamento dele, como problemas constantes na escola, trapaças, mentiras ou roubo, uso de álcool ou de outras drogas.

porcionar uma ajuda profissional. Há muitos caminhos de ajuda para se seguir. O aconselhamento de curto prazo tem se revelado eficaz para filhos e famílias. Não deixe que a falta de dinheiro o impeça de buscar ajuda profissional. Mas procure se assegurar de que o conselheiro tem experiência em lidar com problemas familiares.

A maioria dos pais espera que haja uma crise ou um problema maior antes de buscar ajuda profissional. Esteja aberto para procurar aconselhamento antes que isso ocorra. Você não precisa esperar por uma longa e óbvia lista de problemas e assuntos para desenvolver. Use seu julgamento e o conhecimento que tem de seu filho e confie na sua capacidade de ampará-lo e na sua intuição. Às vezes, um único acontecimento que a criança não consiga partilhar com você é suficiente para buscar a ajuda de um terapeuta que auxilie a família; outras, um comportamento incomum pode ser um grito profundo de ajuda.

Além de cuidar de temas particulares, os terapeutas também podem atuar no sentido de recompor a auto-estima da criança e lhe proporcionar melhores instrumentos para lidar com a situação. A terapia pode validar sentimentos de frustração, reduzir o estresse e ajudá-la a ter novo senso de controle. Tenha em mente que, para ser eficaz, a terapia exige a presença de todos os membros da família ao longo do tempo. Buscar um aconselhamento para uma criança não significa procurar um bode expiatório ou tentar identificar seu filho como "o que está com problemas".

Alguns terapeutas usam "a terapia da brincadeira" não apenas para tratar sintomas como também para prevenir problemas com crianças mais novas. Ao trabalhar com brinquedos ou figuras que representam membros da família e falar sobre seus relacionamentos, os profissionais podem evitar que certos assuntos se tornem futuros problemas concretos na vida.

Certos entraves emocionais não resolvidos desenvolvem problemas físicos em vez de comportamentais. Será necessária a atenção do médico para os sintomas, mas também pode ser preciso o aconselhamento para a causa emocional.

Acima de tudo, as crianças têm de saber que sentimentos como tristeza, raiva, culpa e medo não significam que elas são ruins, loucas ou que não são dignas de amor. Precisam saber que podem "amar o Papai" mesmo que a Mamãe não o ame. Algumas vezes, essas palavras precisam vir de uma pessoa neutra, apesar das palavras tranqüilizadoras de um dos pais, pois ela também contribuirá para que a comunicação aconteça de maneira segura entre os membros da família.

A Primeira Preocupação Tem de Ser
a Proteção de Nossas Crianças da Nossa
Própria Insanidade Temporária.

Will Glennon

Meu filho de 9 anos andava aborrecido quase todo dia. Nunca queria experimentar nada de novo ou diferente. Só fui perceber que ele precisava de ajuda profissional quando fomos tirar fotos em um estúdio fotográfico. Elas mostraram que ele estava sofrendo e sentia-se desconfortável, sem naturalidade e sem facilidade para sorrir de ver-

dade. Começou a se tratar com um terapeuta e, passado um ano, voltou a ser o meu garoto alto-astral.

Andrea Posgay, Minnesota

Se *você* não é capaz de lidar com as rotinas diárias no seu trabalho ou na vida social, busque ajuda profissional – especialmente se está abusando de seus filhos ou de você mesmo com drogas, álcool ou sendo negligente. Os recursos que são úteis para eles também estão disponíveis para você. Procurar ajuda se não tem condições de lidar com as situações é o maior presente que você pode oferecer a seus filhos, além de ser um ato de amor e um sinal de força.

Não Passe o Tempo Lamentando Coisas
Que Você Fez, Mas as Que Não Fez.

Se Você Perdeu o Controle

Violência física com crianças não é uma coisa boa. Se você se flagrar a ponto de bater em seu filho ou se seu humor se altera mais do que o normal, o divórcio pode estar afetando você mais do que pensa. É um dever seu para com seus filhos buscar ajuda, a fim de aprender a lidar de maneira construtiva com sua raiva e frustração. Procure a ajuda de um terapeuta.

CONSTRUINDO OU RECONSTRUINDO A AUTO-ESTIMA DAS CRIANÇAS

No sofrimento e confusão da separação e do divórcio, tendemos a nos sentir perdidos e não amados, especialmente as crianças. Os sentimentos bons sobre nós mesmos, freqüentemente, parecem ter se transformado em areia, que escorre pelos nossos egos perfurados. As crianças não sabem que haverá amor suficiente para superar tudo quando seus pais passarem a viver separados. Mostre a elas que estão erradas! E os pais por vezes sentem (inconscientemente) que não há amor suficiente disponível para eles vindo de seus filhos se tiverem de dividi-lo entre dois lares. Errado de novo! Algumas idéias para colocá-lo de volta no caminho certo são:

- Mostre a seus filhos uma vela acesa e diga-lhes que a chama representa o seu amor. Então acenda outra vela, a partir dessa chama, a qual representará o amor do outro cônjuge. Nenhuma das duas diminuiu. Uma terceira vela pode ser acesa a partir de uma das duas chamas. Novamente, nenhuma chama diminuiu. Moral da história: há amor suficiente para seguir em frente.

- A metáfora do "Balde de Amor" é boa para ser contada para as crianças, a fim de aprenderem a pedir por mais amor. Cada um de nós carrega um "Balde do Amor". Por vezes, à medida que avançamos, ele pode se esvaziar porque balança ou porque seu conteúdo evapora ou derrama ocasionalmente. De vez em quando, é preciso encher o "Balde de Amor" de cada um; mas, como nem sempre é possível ver que o nível do amor do balde da outra pessoa está baixo, precisamos dizê-lo aos outros para que eles possam nos ajudar a enchê-lo novamente.

- O uso consciente da prece é óbvio, mas realmente funciona. Melhor ainda: a prece "ouvida por acaso", como feita no telefone para outra pessoa é uma boa técnica.

- Deixar uma criança encarregada de uma atividade pode ajudá-la a superar sentimentos de desamparo. Cozinhar, planejar as refeições ou escolher os programas que serão vistos na TV são algumas formas de pôr em prática essa idéia.

Tire cópias destas dicas e divida-as com as crianças.

FOLHA DE DICAS PARA AS CRIANÇAS

Como Sobreviver às Brigas dos Pais

1) Entenda que NÃO É CULPA SUA. Discussões entre os pais sobre divórcio ou separação são problemas deles e os filhos não têm culpa nem responsabilidade sobre o assunto. Não se sinta culpado quando seus pais discutem. Não é você que tem de fazê-los parar.

2) NÃO TENTE RESOLVER OS PROBLEMAS DOS SEUS PAIS. Só eles podem fazê-lo. Se tentar, você provavelmente vai ser pego no meio do caminho, o que só vai piorar tudo. Não tome partido. Se um dos pais pede opinião ou conselho ou tenta colocá-lo no meio do desentendimento, simplesmente diga: "Acho melhor eu ficar fora disso".

3) SAIA DA SALA QUANDO SEUS PAIS COMEÇAREM A DISCUTIR. Encontre alguma atividade que ajude você a afastar sua atenção do assunto. Ligue para um amigo, ouça uma música ou assista a um dos seus vídeos favoritos; vá curtir seu hobby no porão ou na garagem.

4) LEMBRE-SE DE QUE ESSAS EXPERIÊNCIAS SÃO REALMENTE DIFÍCEIS PARA TODO MUNDO. Não é fácil atravessar essa fase confusa. Você não está errado em sentir-se da maneira como está se sentindo. Lembre-se: discutir pode ser assustador, mas não é o fim do mundo. Uma discussão pode ser um meio eficaz de resolver um desentendimento.

5) NÃO GUARDE SEUS SENTIMENTOS PARA SI MESMO. Encontre alguém em quem você confie para conversar. Pode ser um dos pais. Pode ser um dos avós ou um amigo, professor, religioso, orientador pedagógico ou um irmão mais velho.

Tire cópias destas dicas e divida-as com as crianças.

FOLHA DE DICAS PARA AS CRIANÇAS

Tudo Bem Pedir a Seu Pai ou a Sua Mãe Que:

- Passe um tempo sozinho comigo – nem que sejam cinco minutos do seu tempo – que não tenha a ver com escola, limpeza do quarto ou coisas do gênero.

- Mesmo que você tenha certeza de que o outro cônjuge vai me "magoar", deixe que eu saiba disso por mim mesmo. Gostaria que você estivesse por perto com um abraço quando eu for magoado... e por favor não diga: "Eu te avisei!"

- Por favor, não diga que eu sou o "homem da casa". EU QUERO SER UMA CRIANÇA.

- Por favor, confie em mim: pelo menos por algum tempo, eu não quero falar. Por vezes, ainda que você esteja pronto, eu não estou.

- Não reaja com raiva quando afirmo que quero morar com o outro cônjuge. Em geral, quando digo isso, estou com raiva, mágoa ou até com medo.

- Por favor, deixe-me contar a você sobre minhas visitas a meu pai. Muitas vezes, posso sentir medo de magoar seus sentimentos se lhe disser que foi muito legal.

Fonte: The Aring Institute, 6881 Beechmont Ave,
Cincinnati, Ohio, EUA

Carta dos Direitos da Criança

I. A criança tem o direito de ser tratada como uma pessoa interessada na situação e afetada por ela e não como um fantoche.

II. O direito de crescer em um ambiente doméstico que vai lhe garantir da melhor forma possível a oportunidade de adquirir uma cidadania responsável e madura.

III. O direito de ter diariamente amor, cuidado, disciplina e proteção do pai ou da mãe que detém a sua guarda.

IV. O direito de conhecer o pai ou a mãe que não detém a sua guarda ou qualquer um dos pais que detém a guarda conjunta e de desfrutar o benefício do seu amor e da sua orientação por meio de visitas adequadas.

V. O direito de ter um relacionamento positivo e construtivo com os pais, sendo proibido a qualquer um rebaixar o outro na mente da criança.

VI. O direito de ter valores morais e éticos inculcados pela educação e pelo exemplo e de ter limites estabelecidos de comportamento, de modo que possa desenvolver sua autodisciplina desde cedo.

VII. O direito ao mais adequado nível de apoio econômico que possa ser proporcionado pelos esforços dos pais.

VIII. O direito às mesmas oportunidades de educação que teria se a família unida não tivesse sido transformada.

IX. O direito a uma revisão periódica dos acordos relativos à guarda e às suas ordens de apoio, à medida em que as circunstâncias dos pais e o benefício da criança exigirem.

X. O direito de reconhecimento do fato de que crianças envolvidas em um divórcio são sempre partes em desvantagem e de que a lei tem de tomar atitudes afirmativas para assegurar seu bem-estar.

Adaptado das decisões da Suprema Corte de Wisconsin (EUA)

CAPÍTULO 3

O "DIA D": DIA DA DESPEDIDA

Se você está se aproximando do "Dia D", deve saber que será difícil. Precisa conhecer as perguntas que terá de fazer a si mesmo e estar o mais preparado possível. Dessa maneira, esse momento se tornará mais fácil. Se esse processo já faz parte do seu passado, então você transpôs um marco e está seguindo em frente. Para muitas pessoas, esse é o dia mais difícil por que têm de passar. Discutido por poucas, é lembrado por todas atingidas por ele. Sob o ponto de vista de uma criança, um divórcio não começa até que um dos pais mude de casa. Embora pareça estranho, deixar os filhos participarem da procura e da escolha de um apartamento é um preparativo muito útil para o "Dia D". O cônjuge que permanece em casa com as crianças não deve fazer comentários sobre tamanho ou custo da residência que o que está partindo ocupará. Tente não estragar a excitação ou o prazer das crianças de encontrarem uma nova residência com seu pai ou sua mãe. Isso reafirma as palavras do cônjuge que está partindo de que as crianças participarão da sua nova vida e do seu novo lar.

PREPARAÇÃO PARA O "DIA D"

Assumindo que a mudança do cônjuge já tem data definida, você pode planejar as coisas para esse dia: um filme com alguém, almoço com amigos, o que seja. Tente não ficar sozinho.

Entretanto, quem permanece no domicílio normalmente fica por perto, até que a mudança esteja terminada. Não acho que seja o momento de você praticar boas maneiras. Há muitas perguntas difíceis sem nenhuma resposta real. Você deve ajudar seu cônjuge a arrumar as coisas? Você deve fazer uma última lavagem de roupa para ele? Fica fora do caminho, passando um tempo no quarto de hóspedes? Crianças mais velhas podem querer ir com o cônjuge que está partindo para ajudá-lo a arrumar seu novo lar. Cada família lida com essas questões de maneira diferente. A única coisa que descobri em comum são as memórias dolorosas desse dia.

ESTABELECENDO SEUS PLANOS

- Marque a hora da partida para o mais cedo possível. Se for marcada para a tarde ou à noite, todos ficarão nervosos e apreensivos durante o dia inteiro.
- Deixe as crianças saberem quando, onde e como será a mudança.
- Deixe os filhos darem sua opinião na hora de decidir como o dia vai ser. Provavelmente, é melhor que eles fiquem com um dos pais, em vez de saírem com os amigos, mas, se tiverem idade suficiente para ter preferências definidas, deixe-os escolher. (Esse dia pode ser o primeiro de muitos durante os quais você lhes fará o favor de não os tornar responsáveis por proporcionar companhia para você.)

As garotas iam com meu marido para ajudá-lo a arrumar o apartamento. Eu ia passar o dia inteiro sozinha. Acordei bem cedo e fiquei uma hora na chuva para estar entre as primeiras em uma liquidação de móveis do tipo "família muda e vende tudo". A espera valeu a pena; comprei um belo baú para substituir um que meu marido estava levando, algumas lâmpadas e outras coisas que não encontraria em outro lugar. Quando cheguei em casa, meu irmão veio me ajudar a mudar para outro quarto. Sempre gostei da vista do quarto de hóspedes do andar de cima e agora ele é meu.

K. Campana, Arizona

Não se esforce para fazer com que o dia seja "normal", seguindo a rotina costumeira; deixe-o ser diferente. Jante mais cedo ou mais tarde do que de costume, talvez em outra sala (ao menos assegure-se de remover a cadeira vaga!), passe a noite fazendo algo incomum. Considere a possibilidade de deixar um filho triste e preocupado dormir com você ou apenas acampar no seu quarto, com um saco de dormir.

Eu me mudei no Dia dos Pais. Ah, que dia ruim!

Rod Martel, Minnesota

DIVIDINDO OS BENS DOMÉSTICOS

Os pais têm como certo que a mobília da casa pertence a eles. As reivindicações sobre certos itens são pessoais e remontam a antes do casamento – os móveis que vieram do quarto de infância da pessoa, por exemplo, ou uma cadeira herdada de uma tia. Esses são os objetos fáceis de dividir. As coisas sobre as quais é difícil tomar uma decisão (você perceberá quando ouvir as crianças expressando suas opiniões) são aquelas compradas para completar a mobília da casa para o uso de toda a família. Se a partida ocorre com um aviso quase em cima da hora (ou sem nenhum aviso), com um cônjuge mudando-se para instalações mobiliadas, uma seleção de utensílios de cozinha pode ser tudo que será levado inicialmente. Se o cônjuge que está partindo precisa mobiliar um apartamento ou casa, pode decidir em uma única discussão apenas o que será levado. Tenha em mente, no entanto, que repetidas viagens para pegar mobília fazem com que os filhos sintam que seu lar está sendo esvaziado e desmantelado. Com exceção de objetos pessoais, tudo na casa é visto pelas crianças como delas! É seu lar. Elas tratam a remoção de qualquer coisa como o desmantelamento da *própria* vida! Isso não significa que a mobília e bens não devam ser levados, mas a percepção dos sentimentos delas pode influenciar suas ações e sentimentos.

Faça com que as crianças ajudem o papai a arrumar suas coisas. Isso dá a elas a sensação de participação e pode transformar uma ocasião realmente desagradável em quase um evento de comemoração!

Hester Mundis, Nova York

Se a nova residência do cônjuge não está sendo planejada como um "segundo lar" para os filhos, ou será distante e raramente visitada, quanto menos objetos forem removidos, melhor. Mas, se o cônjuge decide que está realmente criando um lugar alternativo para as crianças viverem parte do tempo, o melhor para quem fica é adotar a mesma filosofia e dividi-los, o que pode ser difícil, considerando o estresse e a cólera – ou mesmo ódio – do momento, mas:

- Não adie nenhuma decisão sobre a divisão de objetos até o último minuto. Faça as coisas fáceis primeiro, depois passe para as outras, por ordem de dificuldade. O ideal é que você percorra a casa e discuta o que levará vários dias ou semanas antes de se mudar.
- Se você realmente dividir os bens domésticos pela metade, considere a possibilidade de adotar o método consagrado pelo tempo de revezar-se nas escolhas sobre eles.
- Não é necessário lidar com todos os itens nesse momento; alguns poderão vir a ser objeto de acordo ou decisão judicial no processo de separação ou divórcio. Uma vez que você tenha se instalado em sua nova casa, bens domésticos podem parecer mais ou menos importantes. Lembre-se: nada é definitivo até que o divórcio se concretize. O valor intrínseco de muitos objetos pode ser mais importante do que o monetário. Fotos de família podem ser duplicadas, mesmo que seja por meio de xerox.
- Se alguns dos pertences das crianças são levados para a "outra" residência, pode ser difícil para quem fica em casa; mas é a evidência real da disposição de quem está partindo de criar um espaço e um lugar para os filhos. A retirada de mobília, brinquedos ou roupas deve ser discutida primeiro com eles.
- Esteja preparado para estabelecer um compromisso, deixando suas crianças perceberem que você realmente vive a sua crença, muitas vezes expressada, de que há coisas mais importantes na vida do que bens materiais.

Talvez viver junto fosse custoso sob o ponto de vista emocional, mas estabelecer duas casas também o é. O dinheiro necessário para montar e manter um segundo lar sai dos recursos que eram do casal. Esteja preparado para sentimentos que você nunca antecipou, que vão do ciúme da mobília nova do cônjuge que partiu ao ressentimento de deixar o domicílio da família que você não pensava ser tão importante.

Muitos cônjuges acabam se mudando para a casa dos pais temporariamente, enquanto lidam com os gastos do divórcio e decidem para onde irão e o que farão. Isso atrasa o processo de estabelecer uma nova casa, além de acrescentar um estresse emocional nos papéis do pai ou da mãe referentes à criação dos filhos e gerar conflitos em relação a quem é o responsável, quando as crianças passam um tempo vivendo na casa dos avós.

DEPRESSÃO "PÓS-PARTIDA"

Não é de surpreender que a maioria das pessoas sinta depressão após a separação. Até nas situações mais bem gerenciadas e cordiais, os pais devem contar com um "período de recuperação" pelo qual eles e os filhos passarão. O importante é lembrar que a vida continua, as coisas vão melhorar e uma coexistência familiar satisfatória poderá ser alcançada.

Os Filhos Nunca Perdem os Pais Que
Optam em Permanecer Ativos em Suas Vidas,
Embora Todo Pai e Toda Mãe Tenham Esse Medo Inicial.

Os filhos devem ser capazes de se lembrar de uma infância em que os pais foram ativos em suas vidas e você deve fazer sua parte para que isso aconteça. É difícil ser generoso nesse momento, mas é realmente importante.

Você nunca será substituído por ninguém na vida de seus filhos, mesmo que seu ex-cônjuge se case novamente ou pinte uma terrível imagem sua para eles. Faça disso seu mantra, se necessário!

Não é possível prever que amplitude de emoções você terá nesse momento. É diferente para cada pessoa. Mas para todas é intenso. O que também é a dualidade de sentimentos que podem existir: alívio e dor, riso e lágrimas podem ocorrer simultaneamente. O lado físico das emoções pode ser uma surpresa. (Sim, físico.) Tristeza, raiva e dor nunca foram desse jeito antes. Você pode sentir-se exausto e periodicamente mobilizado. Esteja preparado para momentos – se não horas ou dias – nos quais seu corpo parecerá desligado de você.

Quando a Porta Fecha por Dentro

Assim que seu cônjuge partir:

- Permita-se e a seus filhos chorar, lamentar, sentir tristeza. Não se afaste das crianças nem tente protegê-las evitando dividir seus sentimentos com elas.
- Então *faça* algo – de preferência ativo. Reorganize a mobília, se a mudança de seu cônjuge deixou buracos, arrume armários, limpe a casa. Envolva as crianças na arrumação. Faça exercício físico – bicicleta, boliche, natação ou uma corrida.
- Comece imediatamente a demonstrar disposição em aceitar sua nova maneira de vida e a determinação de que fará tudo melhor para você e para os filhos. A maioria das crianças agirá a partir de sua atitude; se você puder lidar com a situação, elas também poderão. Se você *não* puder, consiga ajuda; as crianças captarão suas preocupações.
- Dê vazão à sua raiva, usando meios aceitáveis de gastar energia. Crie um saco de pancadas a partir de um saco de roupas para lavar; bata em um travesseiro com a raquete de tênis; escave o jardim; encontre uma sala, armário ou lugar fora do caminho no qual você possa xingar e gritar com toda a força dos seus pulmões. Rasgue revistas ou jornais, enrole-os em bolas e tenha uma boa guerra de papel. Corte madeira. Bata pregos, nade. Você entendeu – faça coisas físicas!
- Se preferir um veículo de expressão mais quieto, anote seus sentimentos tristes ou coléricos.
- Considere a idéia de planejar a atividade física para a última parte do dia, especialmente depois que a porta é fechada pela última vez. Um exercício saudável e cansativo, como patinação, ciclismo, natação ou boliche fornecerá as oportunidades de trabalhar com os sentimentos de tristeza, raiva e depressão.

Descobri que, se falasse sobre meus sentimentos, permitiria aos meus filhos falar sobre os deles. Também era útil começar a conversa com "Você está sentindo algo, não é?" Então, continuávamos dali.

Kate Green, Minnesota

Quando a Porta Fecha pelo Lado de Fora

Se é você quem está indo embora, as mudanças serão maiores do que as do seu ex-cônjuge que permanece em casa com as crianças. Como você não terá as habituais exigências e responsabilidades com a família e estará começando uma nova vida, manter uma ligação com os filhos exigirá mais esforço. Mas faça o seguinte:

- Tão logo quanto possível, deixe sua moradia em ordem, para reafirmar às crianças que seu relacionamento com elas continua, que você ainda é o pai ou a mãe delas e que vive o mesmo tipo de vida organizada que costumava viver.
- Use o telefone para deixar que seus filhos saibam que você está instalado e para dizer boa-noite.
- Lembre-se de que habilidades culinárias não são relacionadas ao sexo – e isso vale para você e para seus filhos. Aprenda e/ou ensine a eles – ou faça ambas as coisas.
- Deixe seus filhos ajudarem a escolher qualquer mobília ou equipamento que você precise comprar, ao menos para o quarto que eles ocuparão quando visitá-lo.
- Ajude seus filhos a estabelecer amizades com crianças no seu prédio ou vizinhança. Jogar bola nas redondezas, andar pelos arredores ou explorar parques próximos são boas maneiras para fazê-lo.

Entenda que você também terá sentimentos de perda. Afinal, está deixando para trás não apenas seu cônjuge como também seus filhos. Para muitos pais, a falta que sentem do cônjuge não é nem a décima parte da que sentem dos filhos.

> *Partir foi difícil e ainda é, toda vez que eu levo os garotos de volta para casa, depois do nosso tempo juntos no fim de semana. Ver o cachorro ali, também – meu cachorro. E a casa que nós construímos, da qual eu era tão orgulhoso. O dia em que ela pediu as minhas chaves da nossa casa ainda está na mente. Tenho de me distanciar de mim mesmo ou dói demais. Acho que pareço insensível, mas, se não faço isso, a partida se torna difícil demais.*
>
> *Walt Tornow, Minnesota*

A Chave da Casa

Provavelmente, nada é tão significativo do que o cônjuge que foi embora entregar as chaves da casa. É difícil para ele pedir a chave, assim como é para o outro entregá-la ou ao menos informar que ela não será usada de novo. Muitas mulheres têm medo de pedir a chave, achando que "é a casa dele também". Mas é importante lidar com a questão da "chave" tão logo quanto possível depois que há a separação. O ato de ir embora com os pertences é uma declaração de que se deixou a casa. Voltar sem avisar ou enquanto a casa está vazia não é mais apropriado. Continuar com a chave é continuar com o que deve se tornar passado. Entregá-la – ou pedi-la – é um importante passo para a aceitação do presente. É preciso pedir a chave se esse assunto ainda não foi abordado. Peça, não exija. Se houver recusa, troque as fechaduras. Isso parece um ato pequeno, mas é uma enorme dificuldade emocional. Mantenha em mente, no entanto, que uma hora isso terá de ser feito. Esse é de fato um dos passos mais claros para implementar o processo de divórcio.

A Primeira Semana

Embora algumas famílias achem relativamente fácil lidar com a partida de um cônjuge, outras descobrem que pode ser surpreendentemente difícil lidar com a realidade que se instala na primeira semana. A preparação não impede que todos se sintam atordoados. Muitas vezes, há um sentimento esmagador de profunda tristeza, diferente de qualquer outro experimentado. As refeições e as noites parecem solitárias e deprimentes. As pessoas telefonam, querendo saber o que aconteceu ou oferecer apoio. É geralmente uma semana longa, triste e confusa. Algumas vezes, você não ouve as pessoas falarem com você. Você fica sonhando ou as lágrimas aparecem de repente nos seus olhos. Você olha para as páginas dos livros sem ler as palavras. Os "porquês" ficam dando voltas em sua mente. E a grande questão: *Quando essa dor vai embora?* (Ela vai, ela vai. Acredite em mim.)

Se ficar emocionalmente descontrolado, dê a si mesmo algum crédito. Você está lidando com a dor agora. Você não terá de fazer isso novamente, mais tarde. Muitas pessoas reprimem sua dor apenas para descobrir que ela vem à tona mais à frente. Mais cedo ou mais tarde, a raiva e a tristeza têm de ser liberadas.

Embora seja difícil ir além do próprio pesar, tente ter em mente que as crianças precisam:

- obter informações suficientes sobre o que está acontecendo e por quê;
- ser incentivadas para procurar o cônjuge que partiu;
- saber onde você está, que elas podem chegar até você e que são livres para usarem o telefone sempre que quiserem para falar com o outro cônjuge (embora você deseje que elas não o façam!);
- ver os pais se tratando com cortesia e respeito;
- ser poupadas da maior parte da sua raiva e de suas oscilações emocionais; (Saia para andar de carro sozinho. Tranque-se no banheiro quando for chorar. Dê telefonemas de onde elas não possam ouvir você.)
- permitir que seus fortes sentimentos de mágoa venham à tona com sua compreensão – essa é uma parte importante e saudável do processo de sofrimento;
- ouvir os pais falarem sobre seus sentimentos e compartilharem alguns aspectos de seu pesar com seus filhos. Assegure às crianças que você tomará conta e cuidará bem delas mesmo quando estiver triste, com raiva ou perturbado;
- ouvir sempre que não é culpa delas;
- saber que são amadas, magníficas e que você está feliz de que sejam seus filhos.

Pode uma criança gostar de si mesma quando seu pai ou mãe não gosta ou não verbaliza esse sentimento? Como pode uma criança se sentir amada – não abandonada – se é ignorada ou deixada fora de sintonia com qualquer um dos pais nesse momento difícil? Estar sempre longe de um deles é a adaptação mais difícil para ela. As crianças ficam inseguras sobre como serão "compartilhadas" e desconhecem com que freqüência verão cada um dos pais. Mas, uma vez que os novos arranjos tenham se tornado uma rotina na qual se pode confiar, as crianças se adaptam.

> *A mesa do café da manhã parecia artificial e solitária com apenas nós três ali. Na semana seguinte, fomos fazer compras e passamos em uma loja de animais. De repente, éramos orgulhosos proprietários de dois periquitos e uma gaiola. Isso transformou nossa área de alimentação em um lugar alegre e nos permitiu vê-la sob um novo enfoque. E marcou o começo da nossa nova história como família.*
>
> *Anônimo*

Pelo fato de esses não serem tempos fáceis, prometa a si mesmo que não tomará nenhuma decisão importante que não seja obrigado pelos próximos seis meses ou um ano. Não mude de casa, não vá morar com ninguém (nem convide ninguém para morar com você), não reforme a casa, não case novamente, não troque de emprego. Não tenha pressa. O futuro se revelará com o tempo. Decisões significativas trazem mais mudanças e estresse. No momento, um dia por vez é muita coisa... e é tudo com que você tem de lidar.

A Fantasia da Reconciliação

A maioria das crianças alimenta o desejo de que seus pais divorciados voltem a ficar juntos. Até mesmo quando os laços são rompidos completamente pelo novo casamento de um deles, esse desejo pode persistir. (Afinal, se os pais se divorciaram, isso pode acontecer de novo.) Crianças pequenas costumam fazer promessas fantásticas de que serão boas para sempre com a condição única de que os pais possam viver juntos de novo. Seus desejos ao assoprar as velas de aniversário e ao ver a "primeira estrela" normalmente são centrados na família reunida. As crianças mais velhas podem aprender a futilidade de falar sobre isso, mas muitas vezes fantasiam sobre a família ideal e lembram de maneira seletiva de eventos de sua outrora "feliz e perfeita" vida familiar.

Ajudando a Encerrar a Fantasia

Pode não ser fácil, mas considere o seguinte:

- Não diga a seus filhos que um dos dois partirá por um longo período, antes do acontecimento se concretizar, para que não pensem que vocês mudaram de idéia.
- Pergunte a seus filhos periodicamente se ainda acham que você e seu cônjuge voltarão a ficar juntos. Esse é um bom momento para discutir seu relacionamento com seu cônjuge, explicar para as crianças menores que é possível amar alguém com quem você não vive e que os relacionamentos e as pessoas mudam.
- Trate seu ex-cônjuge com civilidade, mas não com familiaridade, quando as crianças estiverem presentes, de forma que não haja dúvida em suas cabeças sobre o relacionamento entre vocês.
- Ajude as crianças a entenderem algumas razões específicas para a separação, caso você e seu cônjuge não tenham tido nenhum conflito visível anteriormente. Os filhos de um divórcio amigável às vezes podem achar que pelo fato de os pais se darem bem voltarão a ficar juntos.
- Não passe a noite com seu ex-cônjuge – ou não deixe as crianças saberem, caso venha a acontecer.

A maioria das crianças tem um contínuo e intenso anseio por uma família reunida, mesmo quando não espera que isso venha a ocorrer. Um estudo de 1983 mostrou que os acordos relativos à guarda dos filhos não afetam esse anseio. As crianças querem e desejam uma família intacta por um longo período. Sua aceitação dos sentimentos deles (em vez de uma negação ou supressão deles) pode fazer muito para ajudar seus filhos a encararem a perda dessa fantasia. Use uma linguagem do tipo: "Sei que você queria que mamãe e eu voltássemos a ficar juntos, mas isso não acontecerá. Eu entendo que você não pode deixar de desejar isso nem evitar esse sentimento". A fantasia de união de seu filho (enquanto não for uma desilusão obsessiva) não é sinal de uma criança desajustada. Até com adultos, há momentos em que um pouco de fantasia é um mecanismo útil para lidar com as coisas.

Se a Reconciliação é uma Possibilidade

Muitos pais se reconciliam depois da separação. Sempre deixe os filhos saberem o que está ocorrendo. Mantenha-os informados sobre as vezes em que saírem juntos, mesmo que essas saídas sejam cordiais e sem acontecimentos importantes. Mas tenha em mente que é importante não fazer um iô-iô com os sentimentos dos seus filhos, apontando-lhes possibilidades de ida e volta. As crianças podem "inventar" um cenário no qual vocês voltam, a não ser que tenham informações contrárias. Se o retorno do cônjuge depende de condições predeterminadas (tais como o abandono do alcoolismo), não as mantenha escondidas das crianças, pois saberão que, se a reconciliação não funcionar, elas não serão culpadas. E lembre-se:

- Não pergunte às crianças se elas "querem" Papai (Mamãe) de volta. Não é sua decisão. Elas precisam saber que o que querem ou dizem não afetará o sucesso ou o fracasso da reconciliação – essa é uma questão para os adultos.
- Assegure-se de que o relacionamento de experiência tenha sido longo o suficiente antes de retomarem a vida de casal. Encontros com seu cônjuge e até mesmo férias juntos podem ajudar antes de voltarem definitivamente.
- Se o Papai e a Mamãe estão pensando no assunto, explique para as crianças que isso não significa uma promessa de reconciliação.
- Informe a seus filhos que você está trabalhando no relacionamento, mas não sabe se é permanente. Gaste todo tempo para descobri-lo.
- Para uma experiência de reconciliação, sua melhor postura é a honestidade. "Estamos tentando isso. Nós todos veremos no que vai dar" é um anúncio razoável, desde que reflita sua situação de maneira precisa.

Como regra prática,
(exceto para sua conduta *sexual*)

Se é Bom para Você, é Bom para Seus Filhos.

Se um dos Pais Quer a Reconciliação e o Outro Não

Potencialmente é uma situação muito perigosa porque será natural – e devastador – para um cônjuge usar o filho para atingir o outro. Ele pode esperar ser aceito de novo quando o outro vir "quanto as crianças o querem de volta". Declarações como esta mantêm viva nas crianças a fantasia de reunião da família, quando na verdade ela não é real, sendo, portanto, injusta.

Não é raro que essa situação ocorra quando um cônjuge inicia a separação; o outro – depois de se recuperar do choque inicial – começa a mudar e continuar com sua vida, e então se torna interessado de novo na pessoa que pediu o divórcio. Qualquer reconciliação nesse ponto deve ser apenas entre adultos. Fazer dos filhos mensageiros e responsáveis por manter a família unida é um fardo terrível. E a criança sofre com isso.

O que você *pode* fazer em uma situação como essa:

- Pedir que seu cônjuge compreenda a situação. Talvez possa ser incentivado a freqüentar uma sessão de aconselhamento familiar para obter um ponto de vista de uma pessoa de fora.
- Procurar aconselhamento familiar para organizar o sentimento e as expectativas de todos.
- Deixar seus filhos ouvirem você reconhecer e validar seus sentimentos com palavras do tipo: "Deve ser muito difícil para você" ou "Se eu fosse você, também sentiria (raiva/fúria/tristeza)".
- Explique para seus filhos que a culpa não é de ninguém, sobretudo deles, se a Mamãe e o Papai não podem reacender o romance e o desejo de viverem juntos. Não há nada que eles possam fazer sobre isso. Nada! O que quer que tenha causado a separação inicial terá sido apenas um sintoma de uma infelicidade duradoura com a qual cada um dos pais está tendo de lidar agora.

Assegure-se de que eles saibam que não têm de escolher entre os pais e que ambos sempre vão amá-los. E lembre-se:

Você Não Pode Forçar Ninguém a Ficar com Você.

—— Capítulo 4 ——

As Palavras Fazem Diferença: Aprendendo a "Linguagem do Divórcio"

Gritar, fazer exigências e dar vazão à raiva são atos que surgem de maneira natural. No entanto, mudar as engrenagens para um novo estilo de gerenciamento da linguagem do divórcio exige um certo aprendizado.

Como Falar com Seus Filhos sobre o Cônjuge Que Partiu

A raiva e a frustração em relação a seu cônjuge são emoções normais que você precisa pôr para fora – mas *não na frente dos seus filhos*! É possível detestar seu cônjuge e ainda assim não lutar quando se trata dos filhos. *Isso acontece todos os dias!*

É um eufemismo dizer que é difícil acreditar de verdade nas declarações de boas intenções do seu cônjuge, quando você prefere dizer a seus filhos como ele é irresponsável e injusto. Se ele faz coisas prejudiciais e não cumpre suas responsabilidades, não há necessidade de apontar para os filhos. Eles tirarão as próprias conclusões, conforme forem crescendo. A longo prazo será impossível enganar as crianças. Mas, no início, os filhos precisam acreditar e amar a ambos os pais. Não lhes negue isso.

O que é vital, mas difícil de dizer é: "Seu pai (mãe) será sempre seu pai (mãe); você agora tem duas casas".

Lembre-se de que, quando você ataca o pai de uma criança, ela sentirá que a está atacando. Pode não parecer lógico para você, mas é a única maneira que uma criança é capaz de sentir isso.

A Linguagem para Se Ter em Mente

- "Seu pai (mãe) e eu temos pontos de vista diferentes sobre..."
- "Parece que você precisa conversar com seu pai (mãe) sobre isso."
- "Eu não sei se é certo ou errado, mas acho... penso... etc."
- "Você pode discordar de seu pai (mãe) e ainda assim amá-lo(a)."
- "Você pode não conseguir o que quer, mas é seu direito e responsabilidade pedir isso."
- "Estou tendo dificuldades em lidar com seu pai (mãe). Seja indulgente comigo."
- "Estou me sentindo triste (ou solitário(a), sozinho(a) etc.) no momento. Dê um pouco de tempo para mim. Obrigado. Amo você."
- "Não, eu não amo sua mãe (pai), mas amava quando estava casado(a) e tive vocês, e é isso o importante. Seu pai (mãe) tem muitas qualidades maravilhosas."
- "Eu não posso responder a isso. Você tem que perguntar para seu pai (mãe)."
- "Não sei por que seu pai (mãe) sente/age dessa maneira."
- "Eu sei quanto você sente falta de seu pai (mãe)."
- Talvez ele (ela) não possa ajudar a si mesmo agora, mas não é nada que você tenha feito."
- "Seu pai (mãe) não nos deixou. Ele (ela) deixou nosso casamento. Ele (ela) não quer parar de estar com vocês, então buscaremos maneiras de continuarem vendo um ao outro."
- "Nunca acredite que, porque deixou de me amar, seu pai (mãe) não ama mais você."

Foi o mais difícil – mas o mais importante – deixar que eles e o pai desenvolvessem um relacionamento saudável, sem nenhuma sabotagem da minha parte. Se eu o depreciasse, estaria depreciando uma parte deles. Isso era especialmente verdadeiro porque meus filhos eram garotos e o pai era seu principal modelo de conduta. Consegui encontrar força interior suficiente para guardar as minhas frustrações, para ouvi-los sem fazer comentários indevidos, para compartilhar suas boas ocasiões de visita e até mesmo defendê-lo, quando eles estavam preocupados. Crianças são mestras em nos fazer de isca. Não tive nada disso.

Barbara Mindel, Nova York

O Que Conta Não é o Que Você Diz,
Mas o Que as Pessoas Ouvem.

MANTENDO A CALMA

Preste atenção ao que você diz. Observe sua linguagem corporal. Ameaças, sarcasmo e comentários mordazes são prejudiciais para o filho que já está vivendo com a insegurança e o medo do abandono. Essas coisas, a longo prazo, prejudicarão seu relacionamento com a criança. Afinal, não importa quão vil, desprezível, irracional, preguiçoso, abusivo ou mesquinho seu ex-cônjuge tenha sido: seus filhos ainda vão querer amá-lo. Conforme a criança amadurece, pode decidir se esse amor ou adoração deve continuar, sem nenhuma intromissão sua. Da nossa perspectiva adulta, podemos reconhecer que, muitas vezes, demoramos rumo ao amadurecimento, até que sejamos capazes de pensar menos de um pai sem pensar menos de nós mesmos.

Em nossa cultura, tornou-se sagrada a crença de que arrasar ou "dizer como as coisas são" e expressar raiva são a única forma honesta de comunicação. Temos um longo caminho no aprendizado da verdade sobre aquele velho ditado: "Paus e pedras podem quebrar meus ossos, mas palavras não podem me machucar". Elas podem e fazem isso. Assuma a responsabilidade pelas conseqüências tanto de sua raiva verbalizada como de sua honestidade.

Pare e Questione Quando Se Perceber Dizendo:

✓ Se não se comportar, vou mandar você morar com seu pai (ou mãe).

✓ Você é preguiçoso (teimoso ou genioso) como sua mãe (ou pai).

✓ Eu poderia ficar melhor aqui sozinho.

✓ Se você não estivesse aqui, eu poderia...

✓ Algum dia você vai me deixar também, como sua mãe (pai). Ou sua variação: Prometa que nunca vai me deixar.

✓ Sua mãe (pai) encoraja você a dizer isso.

✓ Seu pai (mãe) não ama nenhum de nós ou ele (ela) não teria nos deixado.

✓ Você não pode confiar nele (nela)!

✓ Aquele(a) sacana!

✓ Se ele (ela) amasse você, pagaria as pensões, certo? (Variação: termina a sentença com "na data certa.")

✓ Se você não gosta do que eu compro para você, peça ao seu pai (mãe) para fazer melhor.

✓ Com quem você gostaria de estar: com Mamãe ou Papai?

✓ O que seu pai (mãe) tem dito sobre mim?

✓ Agora você é o "homem da casa" ("a mãezinha")...

✓ Você é tudo que eu tenho. Você é a única pessoa em que posso confiar.

✓ Ele (ela) não é nada de bom.

✓ Se não fosse por você, seu pai (mãe) ainda estaria aqui.

✓ Se seu pai (mãe) estiver cinco minutos atrasado de novo, você não sairá com ele (ela).

✓ Nem passando por cima do meu cadáver!

Algumas atitudes de seus filhos podem fazer você se lembrar de seu ex-cônjuge e inconscientemente (ou conscientemente) lhe provocar raiva. Essa é uma reação normal, mas agüente firme antes que possa agir sobre esses sentimentos. É injusto descarregá-los nos seus filhos. Eles não são seu ex-cônjuge. Agindo assim, você não só vai sobrecarregar o relacionamento entre vocês, como também diminuirá a auto-estima dele. Justamente por isso, fique atento para não usar seus filhos para se vingar do cônjuge. Você estará ensinando a eles uma lição que pode ter um efeito reverso, à medida em que eles aprendam a jogar um contra o outro. Não aja como se o outro cônjuge não existisse. Ele pode não estar mais disponível para você, mas sempre será o pai ou a mãe do seu filho.

Quando em dúvida sobre como responder a qualquer situação, coloque-se no lugar do seu filho. Imagine como você se sentiria se seus pais dissessem ou fizessem o que você está a ponto de dizer ou fazer. Deixe que isso guie seu comportamento.

COMO FALAR COM O CÔNJUGE QUE FOI EMBORA

Quando em dúvida sobre como agir em relação a seu cônjuge, pense como você reagiria a alguém completamente estranho em uma determinada situação e aja dessa maneira. Você não desligaria o telefone ao toque de alguém estranho nem olharia de forma agressiva para alguém que lhe diz olá ou lhe pergunta sobre a sua saúde. Quando você tiver de trocar idéia com seu ex-cônjuge:

- Pare de falar alguns momentos, se acha que uma discussão está começando. Se necessário, afaste-se da sala (ou do telefone) por tempo suficiente para se recompor.
- Tente não começar frases com as palavras "Você *(nunca, sempre)...*", preferindo iniciar por "Acho que...".
- Use a definição de metas como forma de conversar sobre os filhos. Planos de férias ou programas escolares costumam ser um bom foco para discussão.

- Quando for importante vocês se encontrarem, faça-o em um terreno neutro. Um restaurante sossegado provavelmente vai forçar vocês a abaixarem o volume das vozes.
- Dê-se um presente especial, se conseguiu chegar até o fim de uma discussão sem ter perdido a calma.

DÊ A SEU EX-CÔNJUGE O BENEFÍCIO DA DÚVIDA

Não fique achando que seu cônjuge vai dizer "NÃO". Muitas vezes, as pessoas deixam de pedir várias coisas às outras por acharem que a resposta será "não". O pior que pode acontecer é que a outra pessoa *diga* não, como aliás você já esperava. Então, por que não tentar? E pode haver coisas que você gostaria de pedir agora e que não se sentiria à vontade para fazê-lo seis meses atrás, como solicitar que ele pegue as crianças de uma atividade escolar quando estão em sua casa. Não deixe que seus acordos prévios se transformem em desvantagem para você. Muitos pais e mães já tiveram de alterar uma programação para pegar uma criança, comparecer a um evento na escola ou mesmo pagar por algo que não tinha sido combinado antes – porque pediram a eles! Lembre-se, é importante que o pedido seja feito de adulto para adulto, não de um cônjuge zangado para outro cônjuge zangado. O tom e a maneira como você pede fazem a diferença. E todos se beneficiam com isso. Se você está achando que vai receber (ou está recebendo) um "não" no auge da separação, experimente tentar novamente seis meses ou um ano depois.

QUANDO *VOCÊ* NÃO CONSEGUE FALAR COM SEU EX-CÔNJUGE

Muita gente se acha incapaz de falar pessoalmente ou por telefone com o ex-cônjuge. Isso é uma tremenda perda em muitos e variados níveis. Complica os assuntos; tem um efeito de sobrecarga para as crianças (como você teria feito se seus pais não pudessem dar um simples telefonema para atender a suas necessidades?); coloca uma tensão na criação dos filhos, interferindo na sua eficácia, dando-lhes a possibilidade de jogarem vocês um contra o outro. Pense na criação de seus filhos como se fosse um negócio. Como em qualquer negócio, você não tem de gostar de todos os seus aspectos. Você não precisa mais morar com seu ex-cônjuge, mas precisa lidar com ele ocasionalmente. No início, você estará interagindo freqüentemente com ele, mas, depois de algum tempo, essa freqüência diminui. Se o humor ainda é variável, mas o contato é importante – para definir programações, por exemplo –, use o correio. É um meio menos emocional de se comunicar.

Porém, meses depois, se VOCÊ não consegue falar com seu ex-cônjuge – ou seja, se você não consegue ligar –, então é porque VOCÊ tem um problema. Está com raiva e se esconde por trás dela. Se não consegue lidar com esse sentimento, procure um terapeuta para ajudá-lo a ver o quanto está se magoando. (O ex-cônjuge raramente fica magoado por não ouvir você.) Em contrapartida, se o ex desliga o telefone quando você tenta falar com ele, envie-lhe este livro e torça para tudo dar certo.

Quando uma Criança Não Quer Visitar o Pai ou a Mãe Ausente ou Não Quer Falar com Ele/Ela

Algumas crianças vão anunciar que detestam o pai ou a mãe e se recusarão a lhe fazer visitas. No fundo, ela está confusa, sem saber definir se o que sente é amor ou ódio. Ninguém pode detestar uma pessoa que não ama ou com a qual não se preocupa intensamente. Odiar torna o outro vivo para você. Apatia, interesse polido e falta de emoções fortes em relação a outra pessoa são o desapego verdadeiro. (Tenha isso em mente se estiver lidando de maneira apática com seu ex-cônjuge.)

Se foi rejeitado pelos filhos, tente entender que algumas crianças optam por definir ou rotular os pais como "ruins" por representarem um alvo onde lançam sua raiva. Com o tempo e com sua dedicação constante – não importa quanto você tenha de suportar seu comportamento negativo –, as percepções mudarão. As crianças precisam amar a ambos os pais, mesmo àquele que vêem como o "ruinzinho".

Por vezes, uma criança não quer ver o pai ou a mãe ausente simplesmente porque atrapalhará outro compromisso. Atividades e visitas a amigos não devem ter precedência sobre o relacionamento com pai ou mãe – o qual, inclusive, precisa ser trabalhado – e certamente não deve ser feito sem o consentimento do outro pai que cuida da criança. Mas essa situação muda à medida que os filhos atingem a adolescência. Por vezes, a criança tem um conflito de personalidade com o cônjuge ausente e as visitas podem ser francamente desagradáveis; ou podem ser apenas entediantes. Pode haver uma razão totalmente impessoal, como o sentimento de que uma doença está por surgir. E, é claro, às vezes, é porque um filho é desencorajado pelo outro cônjuge a fazer a visita.

Se seu filho não quer passar um tempo com o outro cônjuge, é importante mostrar-lhe que isso não é uma opção, ainda que possa justificar, de algum modo, o fato de você não gostar dele. Essa atitude é especialmente importante quando se trata de uma criança pequena. Peça a ela para verbalizar suas razões. Ouça-a com atenção. Você detecta raiva, um traço de lealdade, uma interpretação infantil de palavras adultas? É o caso de trabalhar com aconselhamento familiar? Por vezes, quando há mais de uma criança, passar um tempo com o cônjuge ausente é uma solução, assim como sua visita na casa em que os filhos vivem também pode ajudar.

Haverá ocasiões e situações em que seu filho, ao voltar, não queira mais ver o pai ou a mãe, o que pode estar relacionado a condições abusivas – emocionais ou físicas, a diferenças de personalidade ou a problemas mais sérios. Às vezes, o ato de rechaçar o pai ou a mãe pode significar uma resposta saudável a um relacionamento não-saudável. Ao mesmo tempo, tenha cautela ao classificar o outro como "má influência", criando uma razão para desencorajar a convivência da criança com ele. Um exemplo ocasional de mau julgamento nesse sentido deve ser visto com reservas. Com o passar do tempo e com a maturidade, mesmo a maioria das tentativas de relacionamento tende a se modificar devido à mudança das perspectivas de todos os envolvidos no problema.

À medida que os filhos se tornam adolescentes, o relacionamento pessoal entre eles e cada um dos pais vai ficar na berlinda. Os adolescentes têm fases de ficar sem conversar com um dos pais, mesmo quando a família está vivendo sob o mesmo teto. Essa atitude também ocorre em famílias reestruturadas. Saber quando as hostilidades são conseqüência dos hormônios naturais é uma das delicadas etapas da criação dos filhos que os pais têm de decifrar.

Quando o Outro Cônjuge Não Quer Se Comunicar com os Filhos

Este é um caso grave. Ser gentil com a pessoa que os abandonou é difícil para você e para seus filhos. Seja honesto. Divida seus sentimentos de mágoa e raiva com seus filhos, mas explique que o outro cônjuge agora é uma pessoa diferente daquela com quem você se casou. Ajude seus filhos a não encararem essa negligência como uma rejeição pessoal; assim, eles terão uma grande ajuda. Se for possível:

- Reconheça os sentimentos de mágoa e perda.
- Lembre-lhes de que o que aconteceu não é culpa deles. Por vezes, os adultos têm problemas de personalidade que limitam sua capacidade de amar e de mostrar responsabilidade – o que não significa que nenhum dos filhos seja menos digno de amor.
- Não crie falsas esperanças de que o outro cônjuge vai melhorar e em breve retomará um contato regular.
- Chame a atenção para as muitas pessoas que gostam dos seus filhos e se preocupam com eles. *Todas* essas pessoas não podem estar erradas.
- Aceite as manifestações de sentimentos de raiva e mágoa dos seus filhos, pois evitarão as marcas que decorrem da raiva reprimida.

O tempo não ameniza a falta de contato com o cônjuge ausente. Seja sensível à evolução dos sentimentos de mágoa.

Por vezes, pais que perdem a guarda dos filhos sentem-se humilhados. Por essa razão, retiram-se física e emocionalmente de toda a situação porque um contato parcial é muito doloroso para eles. Infelizmente, os filhos sequer procuram entender essa postura. Eles só sabem que foram abandonados e se sentem rejeitados. Além disso, quando o cônjuge que não tem a guarda dos filhos se distancia, depois da dolorosa divisão da família, freqüentemente o faz para "lamber as feridas psicológicas", antes de retomar seu papel na criação dos filhos. Para alguns, esse sentimento pode durar alguns meses; para outros, anos.

E quando o cônjuge ausente retorna anos depois? Tire sua raiva do caminho. As crianças buscam qualquer chance de refazer seus laços com os pais. E quem sabe quantas mudanças aconteceram? Elas têm o direito de buscar e ver por si mesmas.

O Sofrimento Torna Algumas Pessoas Ternas
e Compassivas e Outras – Talvez Não Tão Intensamente –
Mais Duras, Fechadas em uma Armadura Protetora.

Maxwell Maltz

A Opção da "Outra Casa"

Ter pais morando em casas separadas pode ser a melhor coisa – ou a pior. A melhor é a fantasia de poder escapar em segurança para a outra casa. A pior é ser banido para ela. Uma alternativa segura e aceitável agora torna-se realidade. A criança pode "deixar" um dos pais para morar com o outro, sem sair "de casa". E para o cônjuge que quer que a criança vá surge uma alternativa real para fazer com que ela saia.

Por vezes, a ameaça "Se não está gostando, pode ir embora" surge, quando não nos lábios dos pais, ao menos em seu coração. Normalmente ela aparece em resposta às palavras da criança: "Eu odeio você. Vou para a casa do Papai (Mamãe)". Por mais que essa ameaça doa em você, não responda emocionalmente a ela. Mostre-lhe que não é uma alternativa aceitável ir embora quando as coisas ficam tensas. Além disso, toda criança precisa se sentir segura e querida. Não é fácil para os filhos fazerem o papel de bolas de um jogo, emocionalmente carregado, de tênis de mesa, mesmo que eles próprios o tenham assumido.

Estabelecemos a regra de que ir para a "outra casa" não era solução para nosso filho quando estivesse "com problemas" na casa onde mora. Assuntos não resolvidos (hora de dormir, instruções básicas, trabalhos não terminados) tinham de ser absolutamente esclarecidos antes que ele fosse fazer a costumeira visita à mãe.

Lee Mauk, Minnesota

Uma Nova Forma de Dividir a Criação dos Filhos

Para o bem de seus filhos, procure assegurar-se de que o divórcio está indo bem. Seu relacionamento com seu ex-cônjuge vai precisar ser redefinido. O ideal seria você oferecer a ele o benefício da dúvida e acreditar nele somente em certas situações, pelo fato de vocês terem o mesmo objetivo – proporcionar a melhor vida para seus filhos. Essa pessoa pode estar atuando agora como um monstro, um ogro, um dragão. Mas você se casou com ela em uma época que via suas qualidades, as quais podem não estar mais sendo mostradas a você, mas podem estar disponíveis para seus filhos.

Violar as regras estabelecidas na sua sentença de divórcio é uma tática de guerra fria. A guerra – seja fria, seja quente – não é algo que você precisa, se quer seguir adiante com sua vida. Assim sendo, o melhor é:

- Trabalhar para desenvolver um novo tipo de linguagem – sem críticas, neutra e baseada em fatos – para usar com seu ex-cônjuge, quando conversarem sobre as crianças. Seja civilizado(a) e tão amigável quanto possível, tendo o cuidado de evitar implicações sexuais e antigas intimidades em termos de palavras ou gestos.
- Vá direto ao ponto nas discussões. Não desenterre desavenças ou assuntos que não sejam compatíveis com as crianças.

- Discuta assuntos de dinheiro e da criação dos filhos por telefone, de modo que as crianças não ouçam.
- Evite culpar o outro quando surgirem problemas. É um golpe fácil, mas baixo. Concentre-se nas soluções e comprometa-se com elas.
- Não tire partido da oportunidade de deixar seu ex-cônjuge em má situação – e você provavelmente terá muitas delas!
- Antes de começar, pense bem sobre o que quer dele e expresse seus desejos de maneira completa e clara. Tente escrever seu discurso de antemão, se estiver com medo de esquecer alguns pontos importantes ou de se desviar do assunto.
- Escolha cuidadosamente o momento de discutir tópicos que você sabe serem problemáticos. Ouça com atenção as respostas e afirmações do outro cônjuge e fique atento a dicas não-verbais, como punhos cerrados ou lábios franzidos. Retroceda, se perceber que não está indo a lugar algum e tente mais uma vez.
- Lembre-se de que as falhas de personalidade de seu cônjuge não vão desaparecer com o divórcio. Tudo que incomodava você antes vai continuar a incomodar.
- Encare seu novo relacionamento com o ex-cônjuge como sendo de negócios. Os bens ativos são os seus filhos.

Lembro-me de como foi triste para minha mãe quando meus pais se divorciaram. Uma mãe sozinha tem de envolver seus filhos o máximo possível. Sentir que fazem parte da família e que não constituem um peso nem são indesejados por ela é muito útil.

Bessie Dobbs, Minnesota

Uma sentença de divórcio não deve proibir você de ter contato com o ex-cônjuge para conversar sobre as necessidades de seu filho. Faça-o quando for necessário e de maneira correta – para o bem de seus filhos e para sua paz de espírito.

Pode parecer estranho, mas ser civilizado e cooperante, por mais importante que seja, tem um lado negativo: os filhos podem não entender por que vocês se divorciaram. Se conseguem ficar juntos, por que não se reconciliam? É importante explicar novamente as razões do divórcio quando seus filhos confundirem cortesia (ou mesmo amizade) com a viabilidade de reconciliação. Quando não há nenhuma razão aparente para o divórcio – nenhuma hostilidade declarada –, relembre quem é que assume a responsabilidade por tudo ter acontecido. Isso mesmo – seus filhos. No final das contas, eles podem ficar com raiva de vocês por se divorciarem "quando de fato podem viver juntos".

CAPÍTULO 5

AS QUESTÕES: DINHEIRO, PROBLEMAS LEGAIS, GUARDA DOS FILHOS

Em um divórcio, sempre há um ponto crucial que se torna o campo de batalha. Pode ser dinheiro, o animal de estimação da família, um objeto da casa ou a guarda dos filhos. Tente enxergar com clareza seus conflitos de poder. Muitos casos de guarda dos filhos estão relacionados, na verdade, com controle – não com a guarda em si. O divórcio é uma situação de "perder ou perder" para adultos e crianças. Se você realmente quer fazer uma batalha em torno de uma coisa, tenha certeza de que essa coisa não sejam seus filhos.

Essas questões são piores para a pessoa que foi abandonada no casamento, pois quem iniciou a separação tem um plano de vida, o que raramente acontece com quem foi abandonado.

ASSUNTOS DE DINHEIRO

O dinheiro pode ser um dos assuntos mais importantes e causadores de rupturas em um divórcio. A questão central, nesse sentido, com relação às mulheres, é o medo de que não tenham condições de sobreviver financeiramente, mesmo quando há dinheiro disponível. O assunto se torna ainda mais delicado quando há pouco dinheiro. Em geral, o tempo de divórcio e separação é amedrontador. Para a maioria das famílias, quando os pais decidem se divorciar é o mesmo que dizer às crianças que terão de experimentar uma significativa queda de padrão de vida, exceção feita aos filhos de famílias ricas ou muito pobres. O padrão de vida da família média não pode ser mantido quando há dois lares, pois a mesma renda, para a maioria, agora financiará duas casas separadas.

Seria muito bom poder dizer que interesses relativos à guarda dos filhos e a dinheiro são separados. Eles o são em termos da lei, mas a realidade é diferente. Um estudo descobriu que 56% das mães que têm a guarda voltaram ao tribunal porque seus ex-maridos se recusavam a pagar a pensão para sustentar a criança. Não confunda guarda dos filhos – exclusiva ou conjunta – com sustento da criança. O sustento dos filhos é um acordo financeiro. A guarda implica em despender tempo e cuidar de uma criança. Em última instância, os arranjos relativos à criação dos filhos estão fundamentados no acordo que os pais fizeram, ou pelo que os advogados vão lutar ou no que o juiz decidir. A triste realidade é que dois indivíduos nem sempre conseguem entrar em acordo sobre o que é justo ou razoável, quando se trata de dividir recursos. Você deve buscar uma divisão eqüitativa.

Uma Divisão Eqüitativa Não Significa Que os Dois
Têm de Ter a Mesma Coisa.

O dinheiro tem nuanças emocionais tanto como ramificações reais. As crianças podem ver a falta de apoio financeiro e a redução financeira do estilo de vida como uma perda de amor e de confiança de um dos pais. É difícil para a mãe ou para o pai sentir-se bem quanto ao relacionamento de seu filho com o outro cônjuge, se essa pessoa os deixou mal em termos de dinheiro. E a tentativa dos pais de lidar com a falta de respeito dos filhos quando o dinheiro anda apertado (ou quando eles têm de apertar o cinto) também exige grande esforço.

Se há amargura no início, os desentendimentos sobre dinheiro costumam seguir os caminhos da ira. Novamente, são os filhos que sofrerão. Se não está satisfeito com os arranjos relativos às visitas, um homem pode usar o dinheiro como arma, depositando com atraso a quantia relativa à criança ou retendo-a completamente. Paralelamente, as mães podem dificultar o acesso à criança, quando os pagamentos não são feitos na data certa. Esses dois métodos são ilegais e injustos para os filhos.

Se o dinheiro era *só* um problema no seu casamento, tende agora a ser um *grande* problema em seu divórcio. Ele é um símbolo que vai além dos reais e centavos envolvidos. Se você fosse casado e seu cônjuge, tendo renda maior, perdesse o emprego, você faria os ajustes necessários. Infelizmente, você precisa ter isso em mente em um divórcio. Enquanto estiver recebendo a pensão de seu filho, você estará partilhando os aspectos negativos – assim como os positivos – da renda de seu antigo cônjuge. Dessa forma, você não pode encarar a pensão de seu filho como uma forma concreta de segurança ou de renda. Reciprocamente, se seus filhos são pequenos, é importante criar uma poupança para eles, porque é justo que cada um dos pais divida o custo de inflação, assim como as despesas crescentes associadas com adolescentes.

O divórcio é uma época em que você começa a se separar financeiramente, o que significa criar novas contas bancárias ou contas de poupança, fazer mudanças nos cartões de crédito, tomar decisões financeiras sem dividi-las com ninguém. Você precisa se familiarizar com sua declaração de Imposto de Renda (você precisa entendê-la, se não na primeira, pelo menos na segunda ou terceira vez), assim como com benefícios de planos de saúde e pagamentos. Para os não-iniciados, costuma ser novo e em geral difícil, mas vai ficando mais fácil com a prática. A separação é também um tempo de crescente desconfiança entre os dois cônjuges, à medida que vocês começam a ter diferentes interesses em termos de investimentos. Tenha em mente que o conhecimento de todos os assuntos financeiros – seu e do cônjuge que foi embora – é necessário e não deveria ser ignorado na dor de sua separação. A divisão de uma família em geral ocorre rapidamente. Questões de dinheiro podem continuar por muitos anos. É importante restringir esses assuntos aos adultos envolvidos, a fim de que os filhos não sejam objeto da crescente insegurança ou das batalhas financeiras de seus pais.

Quando se fala em dinheiro, parece que se coloca para fora o pior de cada pessoa. Em boa parte das vezes, o ditado que afirma "Mesmo que você não a odeie agora, acabará por odiar um dia" é acertado.

Hoje, a pensão para a esposa, mesmo uma tradicional dona de casa, é difícil de ser obtida por mais de alguns anos, se ela é jovem. Uma certidão de casamento não se traduz em pensão perpétua, se a pessoa é jovem e capaz o suficiente para trabalhar ou aprender novas atividades ligadas ao trabalho. Portanto, para muitas mulheres, as negociações para obter melhor pensão para os filhos tornaram-se mais importantes. Temos ainda de nos deter sobre a injustiça de um sistema socioeconômico que desvaloriza a contribuição do responsável principal e da mãe que fica em casa, ao mesmo tempo em que faz às mães elogios insinceros ao seu suposto valor. Além disso, é preciso entender que a atual ênfase das leis referentes à criação de filhos e ao pagamento de despesas a eles relacionadas os vê como uma responsabilidade conjunta.

Mulheres de classe média cujos maridos têm salários altos e que possuem uma experiência limitada no que se refere a trabalho sofrem a maior queda de renda depois do divórcio naquilo que foi chamado de "feminização da pobreza". Lenore Weitzman, em seu livro *The Divorce Revolution* (The Free Press), afirmou que a média de mulheres divorciadas sofre uma queda de 73% em seu padrão de vida no primeiro ano, enquanto a dos ex-maridos cresce em 42%. Antes de entrar em pânico, lembre-se de que esses números foram sucessivamente contestados e a própria autora reconheceu a inexatidão de seus dados. Ainda assim, a premissa de redução de renda para as mulheres divorciadas persiste, embora não nesse grau.

O Que a Pensão dos Filhos Cobre?

Em geral, é difícil separar o que a pensão dos filhos cobre da pensão do cônjuge que está cuidando da criança. Pagar por um teto que abriga uma criança é o mesmo que pagar por um teto que abriga o ex-cônjuge. Freqüentemente, os homens pensam que suas ex-mulheres estão gastando pagamentos da pensão de maneira frívola e assim as brigas aumentam. A questão não é simples e dificilmente soa justa para cada um dos lados.

Nunca é demais enfatizar quanto é importante conseguir uma sentença bem expressa e detalhada no processo de divórcio, no que se refere à pensão dos filhos. Não deixe que seu advogado concorde apenas com uma quantia em dinheiro. Os termos devem estar bem claros. Por exemplo: a pensão da criança cobre também seu convênio médico e dentário ou ele será pago à parte? Haverá uma cláusula para acompanhar o aumento do custo de vida?

Peça a seu advogado para ajudar você a entender esses assuntos e a elaborar minuciosamente os termos da separação. Lei tudo com atenção e interfira se não concordar ou quiser acrescentar outros itens. Como lidar com gastos ocasionais, vultosos e não previstos, como aparelhos para os dentes, óculos, educação especial, equipamentos esportivos e – a grande despesa – o pagamento da faculdade? Quanto mais seus filhos crescem, maiores são os gastos com eles. Criar filhos é caro e o cônjuge que não fica com a criança deve estar consciente que esse tipo de despesa ocasional pesa bastante.

Em geral, os pais não são legalmente responsáveis pelo pagamento de despesas com a faculdade. Ainda assim, o juiz pode determinar que o pai que não tem a guarda do filho pague os custos da faculdade se uma combinação de fatores indicar que a capacitação financeira e sua prévia expectativa foram mostradas*.

É Contra a Lei Não Pagar Pensão para um Filho.

O que é típico no caso de pagamentos de pensão para filhos? Infelizmente, não há uma resposta uniforme. Cada família é única. Renda, prioridades em termos de estilos de vida, necessidades físicas, emocionais e educacionais, recursos dos pais – tudo deve ser levado em conta. Seu advogado ou mediador poderá lhe dar uma idéia do que é comum no local em que você reside de acordo com seu patrimônio e rendimento(s). Uma regra prática é que 25% do que o cônjuge que não tem a guarda dos filhos contribui para a casa na época do divórcio vai para o sustento da criança. Mas só um profissional poderá dizer se ela se aplica ao seu caso. Não confie em histórias de amigos e vizinhos.

Segundos casamentos geralmente sofrem as pressões dos pagamentos da primeira família. A segunda mulher costuma estar consciente das obrigações do marido, mas ainda assim ressentimentos podem crescer com o tempo. Teoricamente, a renda de uma segunda esposa não é levada em conta nos acordos financeiros para a primeira família de um homem, porque, freqüentemente, afeta seu estilo de vida. Se um filho nasceu no segundo casamento, todas as pessoas en-

---

* No Brasil, comumente, a obrigação de pagar a pensão para os filhos cessa quando eles alcançam a maioridade (18 anos) e, coincidentemente, é nessa idade que eles provavelmente estarão entrando na faculdade. (N. do C. T.)

volvidas podem sofrer financeiramente. No caso de casamentos múltiplos, a questão do dinheiro torna-se ainda mais confusa, à medida que os pais/mães negociam suas responsabilidades em relação às crianças, enteados e ex-enteados. Uma outra questão a ser tratada é: dadas todas essas variações e combinações, quem deveria ser incluído no testamento?

> *Dele, ela não esperava nada além de problemas. Antes, havia uma ajuda. Quando deixou de ter expectativas, ela deixou de sentir raiva (...) pois a raiva é na verdade a esperança desapontada.*
>
> *Erica Jong, Parachutes and Kisses*

A CASA DIVIDIDA

É comum no divórcio que a casa fique para as mulheres. Por vezes, elas deixam de ser bem aconselhadas no que se refere aos impostos e taxas ao receber a casa da família. De acordo com dispositivo legal do direito tributário americano, por exemplo, mulheres com mais de 55 anos podem perder metade da exclusão do ganho de capital ocasional*. O casal que concorda em dividir os proventos do dinheiro apurado com a venda da casa (geralmente depois de os filhos não estarem mais morando nela) estará ligado por muito tempo depois do divórcio. Não assuma decisões significativas, como as relacionadas ao lar da família, sem receber instruções e ter tempo adequado para avaliar todas as implicações.

O PAI (OU A MÃE) QUE PAGA

Fazer um cheque mensal para a pensão do filho é normalmente um ato sofrido, pois muitas vezes parece que é para o ex-cônjuge, quando

---

* No Brasil, não existe dispositivo legal equivalente (N. do C.T.).

ele é preenchido. Mas a pensão de um filho é mais do que dinheiro – e é o que o cônjuge distante tem dificuldade de entender – pois consiste em um compromisso emocional com ele e assim é percebida pelo cônjuge que tem a guarda e pela criança. É por esse motivo que se os pagamentos atrasam ou não são feitos levam a dificuldades financeiras intensificadas pelo sentimento de raiva e pelo medo do abandono.

Pensões de filhos estão acima de qualquer quantia em dinheiro necessária, quando estão passando um tempo com o cônjuge com quem não moram. Os pagamentos de pensão assumem que quem os paga terá as próprias despesas relacionadas à criança, não podendo deduzir outros custos da pensão com a criança. O cônjuge que detém sua guarda fixou custos para ela, não importa onde a criança esteja em um determinado dia. Se os filhos passam um tempo longo com o pai ou mãe que mora em outra casa, os acordos quanto à pensão devem ser revistos. No entanto, não pode ser uma decisão unilateral.

Certo Número de Famílias Passa o Mês de Abril Jogando "Quem Vai Poder Deduzir as Crianças na Declaração do Imposto de Renda?"

Ellen Goodman, The Boston Globe

SE VOCÊ É O CÔNJUGE EM PIOR SITUAÇÃO FINANCEIRA

No casamento, os cônjuges partilham um estilo de vida. Se há dinheiro para luxos, os dois usufruem dele. No divórcio, depois que os bens são divididos, um dos cônjuges – na maior parte das vezes o marido (com o qual a criança passa menos tempo) – geralmente fica com mais renda excedente. Se você tem pouco ou nenhum dinheiro para luxos, é compreensível que fique zangado com essa aparente injustiça. No entanto, mais do que não ser saudável, o fato de você ficar com raiva é nocivo para você.

A desigualdade financeira existe por que a sociedade, em qualquer época, valoriza mais certas atividades do que outras, o que não significa que um dos cônjuges trabalhe com menos empenho ou seja menos produtivo que o outro. O cônjuge com menos renda terá de superar sentimentos de competitividade e inadequação. As crianças também tendem a passar mais tempo onde há mais bens materiais. Essa é uma reação normal e não significa que elas amam menos você ou que não o valorizem. Filhos que têm de viver com menos luxos podem se ressentir do estilo de vida do pai ou da mãe com mais posses. Você pode ficar com ciúmes quando seu ex-cônjuge faz e compra coisas para seu filho que você não pode bancar. O "Papai Noel do sábado" tenta compensar o tempo limitado com os filhos. O fato de estar ausente das rotinas diárias muitas vezes conta pontos a favor de quem não cuida das crianças e você pode se sentir magoado quando ele parece ser mais admirado pelo seu filho.

O pai ou a mãe que cuida da criança prefere que o outro cônjuge ofereça tempo e atenção a ela, em vez de presentes e gastos excessivos. Mas há a necessidade que o outro tem de fazer coisas diferentes para compensar seu tempo limitado com as crianças. É importante colocar um freio em seus julgamentos e reconhecer o fato de que eles estão se dispondo a fazer todas essas coisas aparentemente inadequadas. Tente ver esses fatos por um ângulo diferente!

Faça um esforço, se necessário, para demonstrar interesse por esse maravilhoso tempo que seu filho passou com o outro cônjuge. Se você deixar transparecer sua irritação e seu ciúme, a criança vai se tornar mais defensiva e protetora em relação ao outro cônjuge e se sentirá culpada por gostar dele. Em outras palavras, seu filho mais uma vez vai ser apanhado no meio do problema.

SE VOCÊ É O CÔNJUGE EM MELHOR SITUAÇÃO FINANCEIRA

Tente entender que sua ex-parceira ou ex-parceiro se ressente da sua posição financeira comparativamente melhor. Se há coisas que você pode fazer em termos de dinheiro, faça-as. Você não quer que tirem vantagem disso, mas sua ajuda adicional com as despesas pode auxiliar muito, no sentido de diminuir as dificuldades das crianças. Muitos filhos têm despesas de faculdade e seus pais, que pagariam com prazer esses custos se ainda fossem casados, relutam em fazê-lo após o divórcio. Lembre-se: você se divorciou do seu cônjuge, não dos seus filhos! Alguns pais dividem as despesas dos filhos com base em suas rendas; o que ganha o dobro, paga também o dobro de muitas despesas.

Seu Advogado

Existe o divórcio emocional e o divórcio legal. O primeiro é você quem tem de fazer. O segundo não pode ser feito sem um advogado. Se você já se separou e até agora não contatou um, pouca coisa lhe resta a não ser unir-se a algum, imediatamente. Você terá de encontrar um profissional conhecedor das leis relativas à família e que saiba lidar com casos de divórcio.

Seu advogado precisará saber o que você quer – se é que você sabe – ao fazer o divórcio. Você vai ter de levar em conta casa, dinheiro, bens, dívidas, guarda dos filhos e seu futuro. Será necessário que lhe forneça informações sobre suas finanças e sobre as de seu cônjuge.

A maioria das pessoas começa a parte legal dos seus divórcios com idéias ingênuas, preconcebidas. As mulheres costumam ser coléricas (com uma atitude do tipo "ele vai pagar por tudo que me fez") ou passivas ("não vamos criar problemas para ele"). Os homens, em contrapartida, tendem a pensar que o divórcio pode ser feito rapidamente, os bens divididos de forma justa (o que é usualmente a definição deles de "justo"), com quaisquer negociações de bens sendo feitas por eles, a casa sendo vendida e eles vendo as crianças quando acham que devem ou podem. Nenhum desses cenários é comum. O processo legal normalmente ocorre em um período de execução próprio, sobre o qual nenhuma das partes exerce controle. Essa é, freqüentemente, uma das maiores surpresas sobre o divórcio, tanto para homens como para mulheres.

O Que Seu Advogado Fará?

Você pode esperar que seu advogado faça o seguinte:

- Dê andamento a seu processo de divórcio e lide com o amontoado de procedimentos legais que ele requer.

- Oriente você sobre seus direitos e reveja suas decisões tomadas junto com o cônjuge.
- Negocie com o advogado do seu cônjuge, caso você não consiga chegar a um acordo sobre a divisão dos bens, pensão e/ou definição da pensão dos filhos e arranjos relativos à sua criação. (*Não* é um procedimento-padrão de operação um cônjuge conversar com o advogado do outro.) Por vezes, esse procedimento torna o processo mais caro para os envolvidos. Não é proibido, entretanto, você e seu cônjuge conversarem; mas discuta o assunto com seu advogado antes de entrar em negociações diretas.
- Represente você perante o juiz, se concordar com os termos.

O que seu advogado NÃO fará é agir como um pacificador. Se seu cônjuge agredir você, não chame seu advogado antes de acionar a polícia e registrar uma queixa. Nem advogados nem juízes podem ajudá-lo a lidar com problemas de visitas. Não desperdice seu dinheiro chamando seu advogado por coisas como "ela está pondo as crianças contra mim" ou "ele nunca pega as crianças na hora certa". Seu advogado provavelmente gostaria de ajudar você, mas, de fato, não há nada que ele possa fazer.

Tenha em mente que um advogado, especialmente se for adversário, pode agravar suas dificuldades com o cônjuge. Seu advogado defende o seu direito e, se for agressivo, poderá criar problemas daqui a anos, quando você ainda tiver contato com seu ex-cônjuge. Lembre-se de que eles costumam lutar pelo que acham melhor para os pais – não para os filhos.

> Nunca Negocie um Acordo por Fora com o Cônjuge Que Está Indo Embora Nem Assine Nada sem Primeiro Conversar com Seu Advogado.

Observar meu advogado, o advogado do meu cônjuge e o juiz, em nossa primeira confrontação em uma audiência, me abriu os olhos. Percebi que havia uma linguagem, um protocolo, um ritual acontecendo que pouco tinha a ver com nosso caso, mas que causava um

impacto completo sobre ele. Então, entendi por que não representa-
mos a nós mesmos diante do juiz. Os advogados conhecem o jogo e
é para jogar por nós que os pagamos.

Tammi Green, Michigan

ESCOLHENDO UM ADVOGADO

Referências provenientes de amigos e de relações comerciais são o meio mais comum de encontrar advogados. Mas, se não tiver nenhuma indicação, você pode ligar para a Ordem dos Advogados.

Marque um dia para conhecer seu possível advogado (Se você não conseguir ir além da secretária no primeiro telefonema, pode imaginar quanto ele será acessível mais tarde.) e esclareça a finalidade desse encontro, para que depois ele não cobre por essa entrevista. Não deve haver custo para uma consulta de meia hora. Se você tiver tempo hábil, converse com pelo menos três advogados especializados em direito familiar. Você vai aprender muito, tanto sobre a função de um advogado e sua interação com ele como sobre o seu caso. Nunca contrate o primeiro advogado com quem entrar em contato. É preciso que você sinta compreensão da sua parte e tenha confiança nele. Em uma entrevista:

- Leve um bloco de papel e uma caneta para fazer anotações.
- Tente descobrir quanto do seu tempo ele dedica aos clientes de divórcio. Há quantos anos ele trabalha com direito de família?
- Pergunte sobre uma variação monetária para casos similares ao seu.
- Pergunte sobre honorários (por hora e mensal), procedimentos de faturamento e comissões de porcentagem de acordos de propriedade (ilegal em alguns países). Muitos pedem uma caução (depósito). Você também terá de pagar por telefonemas, correspondência, tempo de tribunal e tempo usado para conversar com o outro advogado.
- Pergunte se haverá (ou se poderá haver) um acordo por escrito que diga quais serão seus custos, a forma como serão co-

brados, o que ele fará e o que não fará. (Essas condições deverão ser assinadas por você e pelo advogado que contratar.)

Não divida um advogado com seu cônjuge. Pode *parecer* mais barato, mas, com o tempo, é quase certo que não será.

DICAS PARA ECONOMIZAR DINHEIRO

Dizem que alguns advogados prolongam procedimentos para ganhar mais dinheiro. Essa afirmação pode ser verdadeira ou não, mas não há como saber isso. Você precisa manter certo controle do processo, pedindo ocasionalmente um relatório sobre seu andamento.

Você precisa aprender a medir suas palavras em termos de tempo porque o tempo dos advogados custa dinheiro. Não use seu advogado como terapeuta. Pode parecer interessante que ele seja bom ouvinte, mas isso vai lhe custar dinheiro. É mais barato e mais eficaz procurar um terapeuta para lidar com os problemas emocionais do seu divórcio. Além disso:

- Aprenda a usar de forma eficaz a secretária do seu advogado. Ligue para transmitir informações ou confirmar o envio de correspondências sem ter de falar com ele.
- Prefira escrever em vez de ligar. Conversas podem demorar mais do que você espera, especialmente se você gostar de falar muito ou seu advogado de ouvir muito.
- Não telefone para reclamar de seu cônjuge. Faça-o apenas quando a ligação conduzir a um assunto plausível.
- Antes de telefonar, faça uma lista do que quer discutir, de forma que os comentários e as perguntas sejam específicos.

Lembre-se de que foi você quem contratou seu advogado. Ele trabalha para você. Nunca é fácil saber quando aceitar ou recusar conselhos. É você quem vai ter de viver com sua sentença de divórcio – e não seus amigos ou seu advogado. Você pode cometer erros nesse ponto que só o tempo vai revelar. Seu advogado tentará abrir o caminho, mas não poderá trilhá-lo por você. Não é nenhuma vergonha mudar de advogado em qualquer momento do processo, se achar que seus interesses poderão ser melhor atendidos. Porém, se o dispensar, faça-o por escrito, em carta datada, e guarde uma cópia.

Espera-se que você pague seus honorários, mesmo que não tenha iniciado o divórcio. É o procedimento usual hoje em dia. Se o pagamento é um problema, a maioria dos advogados aceita trabalhar com um plano de pagamento por mês.

Tente manter o controle quando os problemas surgirem. Provavelmente, não há nada que um advogado possa fazer às 9 da noite de um domingo, além de ficar irritado. Embora por vezes possa soar duro para você, os advogados também têm suas vidas.

Seu advogado não pode "consertar" seu ex-cônjuge. Tentar transformá-la(o) em uma pessoa sensível por meio de seu advogado é desperdiçar o tempo dele e, em última instância, o seu dinheiro.

Não existe vencedor ou vitória em um divórcio. O resultado final vai estar mais para o cinza do que para o branco ou o preto. Se vocês dois forem embora sentindo-se meio insatisfeitos, então provavelmente tenha havido um resultado justo.

Durante nosso processo de negociação, meu marido estava praticando algumas ações injustas, às vezes até ilegais. Eu tinha condições financeiras de brigar judicialmente. Um amigo me ajudou a ver umas coisas importantes. Fundamentado na história repetitiva e cansativa da minha condição de "coitadinha", ele disse: "Parece que seu marido precisa vencer para você ser uma pessoa inteira, certo?". Essa frase me ajudou a tomar distância da situação e ver o que realmente estava acontecendo. Encarreguei meu advogado de fazer um acordo, o que ia contra a opinião dele. O resultado em termos financeiros foi bom, embora não tenha conseguido os 50% a que eu tinha direito, mas economizei muitos problemas cardíacos. Meu ex-marido continuou a afirmar que tinha me passado a perna. Ainda assim, agora sei que, se ele não tivesse sentido que tinha "vencido", até hoje eu ainda estaria brigando pela minha metade.

Toni Mitchell, Nova York

De Quanta Justiça Você Pode Dispor?

Indo ao Juiz para Decidir a Guarda dos Filhos

Ir ao juiz para que seja determinada a guarda dos filhos talvez seja a coisa mais difícil que qualquer família tenha de enfrentar. Um estranho (ainda que seja um juiz com uma cara boa), provavelmente não vai levar mais de cinco minutos deliberando para decidir o destino de sua família nos próximos anos. E um dos pais sairá sentindo-se como um perdedor. Se você acha que uma batalha judicial na qual os filhos são o prêmio, tornando-se "uma prova" de que você é o pai ou mãe mais amado(a), precisa pensar melhor. É uma autodecepção. É também péssimo para as crianças. Em uma batalha pela guarda dos filhos, eles não passam de simples objetos da luta e sabem disso – e podem até jogar você contra seu cônjuge.

Se os filhos são consultados sobre suas preferências (o que normalmente ocorre com adolescentes), é dado a eles um poder que talvez não devessem ter. Seja qual for a resposta, estarão escolhendo a segunda opção, já que a primeira seria seus pais ficarem juntos. Perguntar a eles sobre qual dos pais escolheriam ou sobre arranjos de vida é pressioná-los, pois se vêem forçados a magoar terrivelmente um dos pais. Muitas vezes têm de convencer a si mesmos de que o pai ou a mãe que rejeitaram é realmente ruim, para justificar a escolha que fizeram. Nenhum dos pais nem o juiz (felizmente) perguntará diretamente às crianças com quem querem morar. Essa atitude prejudicaria qualquer relacionamento entre a criança e o pai ou a mãe. O melhor que se pode esperar nesse caso é que o juiz tome a decisão menos prejudicial. Mas não se engane: não vai ser fácil para nenhum dos envolvidos.

Se o juiz incluir as crianças na discussão, a entrevista deverá ser realizada reservadamente. Dela tomarão parte os filhos e os advogados. Muitos tribunais têm assistentes sociais indicados pela justiça para conversar antes com os pais e as crianças e avaliar a situação. Se a briga pela guarda dos filhos for mesmo séria, o tribunal poderá designar um representante do ministério público para as crianças, a fim de proteger seus direitos.

Se seus filhos vierem a ser envolvidos em seus problemas legais, converse com eles sobre as razões pelas quais isso está acontecendo, enfatizando que não é culpa deles e reconhecendo não ser uma situação fácil. Não discuta sobre o que eles têm de dizer ao juiz, ainda que queiram ter uma idéia sobre o que lhes será perguntado.

Se o resultado final do julgamento for contrário a você, seus filhos devem saber que isso não mudou seu amor por eles. *Um juiz pode decidir se seus filhos vão morar com você ou não, mas não pode decidir quanto você os ama.* Mostre-lhes que seu comprometimento com eles não era baseado em uma vitória perante o juiz. Seja honesto, sem causar divisões. Você pode expressar tristeza, mas diga-lhes que vai lidar com ela da melhor forma possível.

Tenha em mente que ir ao tribunal para resolver problemas de posses ou a guarda dos filhos custa sempre muito mais caro do que você pensa e será dolorosamente demorado, deixando sua vida em suspenso.

A guarda dos filhos pode mudar se as circunstâncias mudarem. É melhor quando essas mudanças podem ser feitas sem voltar ao tribunal.

> *Quando eu estava entrando em uma batalha judicial, o juiz cumprimentou minha ex-mulher e a mim por nunca rebaixarmos um ao outro diante das crianças. Essa atitude era muito clara para mim e tornou-se mais ainda quando a batalha terminou. A ênfase agora era na cooperação.*
>
> *David Levy, Washington*

> *Um juiz pode decidir se seus filhos vão morar com você, mas não quanto você vai amá-los. Apenas continue a amá-los, aconteça o que acontecer, e eles saberão no seu íntimo que podem contar com você.*
>
> *Uma filha de 16 anos de idade, que agora vive com a mãe que não detém sua guarda*

Quando Você Está Sendo Chutado por Trás,
Significa Que Está na Frente.

Seu Acordo para Criação dos Filhos
(Leia-se Guarda dos Filhos)

Não deixei o assunto da guarda dos filhos para o final por ter menos importância, mas por ser o *MAIS* importante. A guarda dos filhos é o acordo sobre sua criação desenvolvido para dela participarmos com responsabilidade legal.

Em vez de ficar brigando para ver qual dos pais fica com a guarda dos filhos – fazendo das crianças um troféu para o vencedor da batalha do seu divórcio –, a atenção deve se concentrar simplesmente em qual dos filhos ficará com você. A palavra *guarda*, com sua infeliz conotação de propriedade, fez com que alguns países eliminassem seu uso. Um dia talvez mudemos nossa terminologia para *acordo/agenda da criação dos filhos* para eliminar a nuança de competição que a palavra carrega. (Já foi sugerido que mesmo as palavras *acesso* ou *visitas* sejam substituídas por *tempo com a família* ou *tempo de cuidado com os filhos*, e que o pai ou a mãe que não mora com os filhos seja designado como *pai* ou *mãe não-residente* em vez de *pai* ou *mãe que não tem a guarda dos filhos*). Para pais ou mães que passam um tempo inadequado com os filhos, qualquer desses termos é errado.

> A Guarda dos Filhos Significa Acesso a Eles e Também
> o Acesso Deles a Seus Pais.

A guarda legal dos filhos não tem de refletir, necessariamente, como sua agenda física da criação deles realmente funciona. Em algumas famílias, o responsável exclusivo pela criança é um dos pais, enquanto as crianças ainda assim dividem seu tempo de forma justa igualmente entre os dois.

Definir como você vai estabelecer seu tempo com os filhos é obviamente uma parte importante da separação e do divórcio, que vai determinar os limites dos prazeres e benefícios de ser pai, assim como definir os direitos que a criança tem de ser educada pelos dois pais. Isso tem implicações financeiras ("Vou receber menos se ele ficar mais vezes com nosso filho?") e – talvez o mais importante – complicações emocionais ("Será que seu novo companheiro vai me substituir perante meus filhos?"). Para muitos pais, os filhos podem ser fornecedores de amor, companhia e até de um propósito, o que faz com se tornem o ponto central de uma batalha pela sua guarda. Essas necessidades dos pais são compreensíveis –, mas não podem ser preenchidas às custas da saúde emocional da criança. Não se consegue o melhor para ela quando se torna o foco de uma briga judicial.

Muito mais do que quaisquer arranjos específicos, as boas atitudes e cooperação dos pais contribuirão para ajudar seu filho a conseguir melhor adaptação.

Entrelaçada com seu acordo para a criação dos filhos está a visita, também conhecida como *acesso,* conceito artificial e arbitrário, que permite ao juiz manter a paz entre os pais ao especificar datas e ocasiões de contato. É também uma garantia de que os pais que não moram com os filhos possam ter acesso a eles. É um importante conceito porque as crianças precisam ter contato com os dois pais e têm esse direito. E, quanto mais livre for o acesso que a criança tenha aos dois, melhor costuma ser para ela. Hoje, muitos países reconhecem até o direito de visita quanto aos avós.

O termo *visitação racional*, incluído em muitos acordos de guarda dos filhos, é um conceito amplo e indefinido, se nos ativermos apenas a essas duas palavras. O termo *racional* refere-se ao que é melhor para a criança, em primeiro lugar, e para os pais, em segundo. Ele permite uma variedade de padrões de visitas que podem ir desde as quase diárias, se as crianças são muito pequenas, até as anuais, se os pais moram muito longe um do outro. Poderia ser sempre traduzido por um mínimo de datas e dias específicos em qualquer acordo.

A Dra. Maria Isaacs, psicóloga e diretora do Families of Divorce Project, na Filadélfia, relatou que o resultado de um acordo de visitação estável é mais positivo do que a freqüência de visitas. Pais com horários para visitação estabelecidos por lei vêem seus filhos com mais freqüência do que os que não os têm. E o mais importante: crianças que têm arranjos de visitação regular para três anos ou mais depois da separação dos pais comportam-se bem e têm melhor desempenho social. Famílias que estabeleceram horários no primeiro ano de separação eram mais propensas a obedecê-los, o que mostra que o primeiro ano é fundamental para definir padrões futuros.

Quando os pais moram na mesma região, o acordo mais comum talvez seja a visita semanal, na qual o pai ou mãe visitante pode ou não dormir na casa onde vive a criança. Pode levar algum tempo para que possam ser feitas visitas rotineiras que funcionem bem para todos.

Os pais podem sempre ampliar e variar quaisquer acordos feitos anteriormente.

Os pais não deveriam ser considerados visitantes quando seus filhos estão com eles, ainda que uma vez por semana. As palavras podem ter um significado poderoso e o termo visitação cria imagens negativas sobre o relacionamento entre o pai e as crianças.

David Levy, presidente do Children's
Rights Council Inc., Washington

Não importa qual seja seu arranjo relativo à guarda dos filhos no início; com o passar dos anos, ele tende a mudar e precisa ser renegociado ou reformulado. Embora seja difícil, a renegociação pode ficar mais fácil no futuro, porque você resolveu outros assuntos e construiu alguma segurança, história e expectativas sobre seu ex-cônjuge no que se refere à criação dos filhos.

QUAIS SÃO AS OPÇÕES QUANTO À GUARDA DOS FILHOS?

A guarda individual, quando autorizada, cabe quase invariavelmente à mãe (72%), embora esse fato esteja mudando, à medida que pais se tornam mais afeitos a ela e que mais mulheres passam a fazer parte da força de trabalho. Há mais de cem anos, os pais quase sempre conseguiam a guarda porque os filhos e as mulheres eram considerados propriedade. Nossa idéia estereotipada de que é a mãe que pode educar melhor a criança também está mudando. À proporção que percebemos a capacidade de qualquer um dos pais de oferecer educação e atmosfera de apoio de que as crianças necessitam, vemo-nos diante de arranjos diferentes, que permitem aos pais definir a guarda da melhor forma possível para todos.

Outros tipos de guarda dos filhos são possíveis e circunstâncias especiais podem tornar um ou outro mais desejável:

♦ *Guarda dos filhos alternativa.* A criança vive com um dos pais por um período de tempo tido como justo – talvez um ano ou mais – e depois com o outro. Esse arranjo por vezes é uma solução quando os pais são separados por grandes distâncias geográficas.

- *Guarda dos filhos dividida.* Cada um dos pais tem a guarda exclusiva de um ou mais filhos. O juiz raramente separa as crianças, por acreditar que irmãos devem crescer juntos e que o filho mais velho pode ajudar os menores a se ajustarem ao novo estilo de vida. Ainda assim, para algumas famílias o conceito inicial funciona melhor. Por exemplo: um adolescente pode morar com seu pai, enquanto os irmãos menores ficam com a mãe.
- *Guarda dos filhos periódica.* Um dos pais tem a guarda dos filhos por alguns anos e depois o outro assume. Um pai, por exemplo, pode assumir a guarda dos filhos adolescentes se a mãe acha que não pode lidar com eles ou se os dois concordam que os garotos precisam viver com o pai, por ele ser do sexo masculino.
- *Guarda dos filhos por uma terceira pessoa.* Caso em que a guarda dos filhos é requerida por um dos avós ou por um outro membro da família. Crianças negligenciadas ou que sofreram abuso são geralmente as razões para que o juiz conclua que o pai ou a mãe não deva ter a sua guarda.

Pais que tomam decisões de forma conjunta sobre a criação dos filhos sentem menos a injustiça e se adequam melhor aos arranjos relativos à guarda. Decisões do juiz sobre a guarda dos filhos só são necessárias quando os pais não conseguem chegar a um acordo. Qualquer coisa que os pais queiram combinar ou experimentar pode ser feita mesmo depois de todos os papéis terem sido assinados sem envolver advogados e o juiz. Mudanças na sentença de divórcio para propósitos legais são outro assunto.

O melhor arranjo de guarda dos filhos será o que leva em consideração as necessidades dos pais e das crianças. Seja criativo. Há muitas opções, mas não se esqueça dos seguintes itens:

- A definição do tempo compartilhado (semanalmente, mensalmente, férias, feriados, aniversários – de vocês e deles –, reuniões familiares, tempo com os avós etc.)
- Responsabilidades relativas ao transporte

- Comunicação (quem faz o calendário, telefones úteis, informações escolares etc.)
- Dinheiro (sustento, assistência médica, faculdade etc.)

Em meio às dores do divórcio, a capacidade de enxergar adiante fica prejudicada. Ficar brigando por quantos fins de semana ou férias seus filhos vão passar com seu ex-cônjuge é tolo e prejudicial para os dois. As crianças gostam de mudar e você vai descobrir que fins de semana sem os filhos são tão legais que poderiam até mesmo ter salvo seu casamento.

Hester Mundis, Nova York

O Direito de Se Mudar para Longe

A simples idéia de que um dos pais poderia pensar em pegar as crianças e se mudar para longe é suficiente para detonar a raiva de quem não detém a guarda dos filhos. Morar distante é provavelmente a forma mais rígida de qualquer arranjo relativo à criação dos filhos. Será que um pai ou mãe tem o direito de impor ao outro um acordo para criação dos filhos a longa distância? Os pais – tanto o que tem a guarda como o que não a detém – devem abdicar de melhor oportunidade de emprego em outra cidade? (Sim, às vezes, mudar-se para longe significa fugir do antigo cônjuge ou propositadamente negar-lhe o acesso aos filhos, mas não costuma ser esse o caso.) O que dizer de pais que se autodepreciam e aceitam um trabalho de menor remuneração apenas para ficar perto dos filhos que se mudaram para longe?

Todos os pais e mães têm o direito de se mudar e de viajar. Mas será que têm esse direito quando a mudança e a viagem são feitas *com* seus filhos pequenos?

Muitos acordos relativos à criação dos filhos incluem uma cláusula pela qual o pai ou a mãe que detém a guarda não pode se mudar sem notificação e aprovação do outro cônjuge. Quando surgem situações desse tipo, freqüentemente, é preciso haver mudanças nas alocações financeiras da sentença de divórcio para que reflita as despesas de viagem. Mesmo que não haja menção de uma mudança para longe em seu acordo, a outra parte tem o direito de ir ao juiz em tais circunstâncias.

Algumas pessoas estão tentando um "contrato de custo" como parte de seu acordo. Como medida preventiva, uma grande obrigação financeira poderia desencorajar pais a se mudarem para longe por pura maldade. Pelo menos, essa atitude poderia gerar um arranjo eqüitativo para as despesas de viagem tanto para o filho como para o outro cônjuge e também para os custos de longa distância.

Esse é um problema crescente que ainda não está bem solucionado e um aspecto do divórcio que freqüentemente exige dos pais um grande esforço – e talvez até um sacrifício.

EDUCAÇÃO DOS PAIS SOBRE DIVÓRCIO

Nos Estados Unidos, programas de divórcio ligados a tribunais ou ordenados para os pais são a tendência que mais rapidamente cresce hoje em dia, em termos de Varas de Família. Os programas oferecem classes que variam quanto ao custo, conteúdo e número de sessões e estão sendo ordenados porque se mostraram bem-sucedidos na tarefa de ajudar pais que estão se divorciando a se concentrarem nas necessidades dos filhos e, no processo, a reduzirem custos legais e judiciais decorrentes da cólera e do sofrimento pessoal que o divórcio parece engendrar. Nas aulas, os pais aprendem sobre os efeitos do conflito/divórcio em seus filhos. Esses programas são geralmente oferecidos por agências sem fins lucrativos ou afiliadas a tribunais. Estudos relatam que, mesmo pais que se ressentem quando são obrigados a se inscrever nessas classes, mais tarde admitem que lhes foram úteis.

QUEM DECIDE

Decisões relativas à guarda dos filhos e à visitação muitas vezes são tomadas quando os ânimos estão exaltados. Deveria haver maior flexibilidade com relação a essas duas questões, para que pudessem atender aos desejos de mudança e às necessidades de todas as pessoas que estarão envolvidas ao longo de anos.

Em cerca de 75% dos casos de divórcio, os próprios pais tomam as decisões relativas à guarda dos filhos. Para os outros – 10 a 15% – restam as batalhas legais que são caras, impessoais e dolorosas.

Mas as leis estaduais americanas estão mudando à medida que o sistema legal tenta divisar diretivas universais para ajudar a mudança familiar, ao invés de atrapalhá-la. (Dadas as variações das situações de famílias que se divorciam, as leis muitas vezes complicam e dificultam, em vez de ajudar e facilitar.) As leis de alguns estados americanos podem não ter a velocidade adequada ou estar em sintonia com as mudanças. Envolva-se.

Deixar os Filhos Escolherem?

Não é justo os pais forçarem os filhos a assumirem um partido, ainda que seja por meio de uma pergunta casual sobre suas preferências em relação a questões ligadas à sua guarda. Com muita freqüência, as crianças escolhem um dos pais por perceberem que ele se sentiria "injustiçado" ou porque o consideram mais dependente de sua presença do que o outro. Seja o que for que eles digam, os filhos ficam sobrecarregados pela culpa e pela questão da imparcialidade. Muitas vezes, o que realmente estamos perguntando a nossos filhos nessas questões é: "Quem você ama mais, o Papai ou a Mamãe?", o que não é muito diferente da pergunta que as crianças fazem em relação aos irmãos: "Você gosta mais de mim do que (da Susana)?" Sim, todos gostamos de ser a pessoa favorita de alguém, especialmente de um membro significativo da família. É uma necessidade normal. Mas é uma questão infantil ou no melhor dos casos uma esperança. Cônjuges que se divorciam normalmente vêem seus filhos como posses pelas quais devem lutar e não como indivíduos cujos interesses vêm primeiro. Problemas financeiros, insegurança, cronogramas relativos a eles e mesmo a raiva evidente freqüentemente levam os pais a usarem os filhos como peões de xadrez, sem perceberem o que estão fazendo. Alguns gostariam, conscientemente, de colocar seus filhos no meio, mas falham em ver que é exatamente o que está ocorrendo, à medida que lidam com as próprias questões emocionais. Os pais fazem bem ao considerar quaisquer desejos definidos que são expressos, mas as decisões finais devem ser tomadas por eles – e as crianças precisam saber disso.

As Crianças Precisam dos Dois Pais para Enfrentar o Divórcio, pois Ele Também é Delas

A Briga pela Guarda dos Filhos

Por mais difícil que seja toda essa questão da guarda dos filhos, para muitas pessoas ela se torna ainda mais problemática. Os adultos perdem a visão das necessidades de seus filhos à medida que definem ações nas quais usam as crianças como peões.

Tomara que você não tenha entrado nessa zona de batalha, mas, se aconteceu, você tem de saber o que terá de enfrentar (levando em conta o sistema legal atual).

Fique atento, também, para o efeito das batalhas pela guarda dos filhos no coração e na alma de uma criança (agora conhecida como Síndrome da Alienação dos Pais): ele não só é injusto como também é extremamente prejudicial.

Acesso Negado/Visitação

É triste, mas é verdade: um estudo de 1977, feito pelo National Institute of Health, relata que, durante os primeiros dois anos posteriores ao divórcio, 40% das mães entrevistadas que têm a guarda dos filhos admitiram que pelo menos uma vez não deixaram seus ex-maridos verem os filhos por razões punitivas. É importante lembrar que você não pode usar as visitas como arma ou como forma de opinar sobre o jeito de seu ex-cônjuge cuidar do filho ("Nosso filho vê muita televisão na sua casa") ou de expressar desaprovação em relação à pessoa com quem ele está saindo. Não é aceitável negar o acesso aos filhos para punir um cônjuge que deixou você por outra pessoa. Esse tipo de vingança vai magoar mais a seus filhos do que a seu ex-cônjuge. No entanto, o acesso de pais ou mães abusivos ou violentos às crianças deve ser limitado e condicionado (exige precauções como a presença de uma terceira pessoa).

Se você, não tendo a guarda dos filhos, teme que esse acesso possa se tornar um problema, mantenha um diário dos acontecimentos para provar que a visita foi negada. E, se conhecer alguém que tenha testemunhado essa negativa, peça-lhe que testemunhe a seu favor, caso seja necessário, ou peça a uma pessoa de confiança para acompanhá-lo na ocasião prevista para você estar com as crianças. Não se recuse a fazer o pagamento da pensão, pois essa atitude só enfraqueceria você. Sua conduta tem de ser irrepreensível. Antes de buscar ajuda legal, envie uma carta registrada (e guarde uma cópia) na qual solicita, com palavras não ameaçadoras, um retorno da sua programação de visitas, de forma que você não seja forçado a usar de um constrangimento legal para fazer valer seus direitos.

Eu me divorciei quando minha filha tinha 2 anos e meio. Agora ela tem 11. Nossos acordos relativos à sua guarda ficaram bonitos no papel, mas meu marido decidiu não mais se guiar por eles e substituí-los pelo próprio arranjo. Ele liga uma vez por ano, no Natal, e pede para falar com ela. Eu não consinto e ele acha que não sou razoável. E ele não vê quanto tem sido injusto com nossa filha.

Kathi Baldwin, Califórnia

As medidas legais para a negativa da visita são muito caras. Uma intimação judicial pode obrigar o cônjuge que tem a guarda dos filhos a comparecer diante do juiz. Ele pode ser citado por desobediência ou ser punido com a cessação temporária parcial ou total das pensões. Se seu ex-cônjuge que tem a guarda dos filhos realizou uma mudança de estado não-justificada, então você pode recorrer à Vara de Família e conseguir que sua visita se torne obrigatória, mesmo que seu filho esteja do outro lado do país.

Um juiz não pode forçar ninguém a agir de forma responsável contra a vontade da pessoa. Um pai ou uma mãe que se recusa a fazer visitas em datas determinadas e está em dia com as obrigações financeiras fica fora do alcance da lei.

O Dedo Acusador

A guarda dos filhos e a visitação podem ser negadas legalmente se o comportamento de um dos pais for considerado abusivo física ou sexualmente. A defesa contra esse tipo de acusação não é fácil. Há inúmeros casos, hoje em dia, em que o abuso sexual e o conjugal – muitos acreditam – têm levado ao afastamento dos filhos de pais ou mães que não detêm sua guarda. Litígios relativos ao ato de molestar têm sido mencionados por um autor como "a bomba atômica" das audiências sobre guarda dos filhos. Seja verdade ou não, o fato é que essas acusações formais têm sido dolorosas para todos os envolvidos. Testes com polígrafo estão sendo sugeridos atualmente como forma de lidar com o problema. Cada um dos pais passaria pelo teste, assim como a criança. E os filhos *podem* manipular uma situação como essa, assim como pode fazê-lo um adulto irado.

De acordo com o Dr. Melvin Greyer do Family Law Project, da universidade de Michigan, a maioria das alegações de abusos sexuais feitas em disputas pela guarda dos filhos são falsas. Além disso, as mães são muito mais propensas a fazer essas alegações do que os pais. Em seu estudo de trinta casos de abuso sexual alegado, 83% não foram confirmados.

Brigas pela Guarda dos Filhos Nunca São Boas para Eles.

Seqüestro de Filhos pelos Pais

Todos os anos, milhares de crianças são levadas de seus lares como que por mágica por pais ou mães que não detêm sua guarda. A maioria dos seqüestros de crianças ocorre antes ou logo depois do processo de divórcio. Esse ato tem sido descrito como o mais desesperado do trágico fim de um relacionamento. Em muitos casos, a motivação primária não tem a ver com a criança. Em vez disso, a maldade e o desejo de colocar o outro cônjuge fora da vida das crianças são as motivações, embora o cônjuge colérico possa negar isso. O seqüestro de crianças por pais também é crime federal.

De acordo com Mary Anne Kiser, fundadora do Parents Alone, em Wichita, Kansas, seqüestros por um dos pais afastados podem ser previstos em 75% dos casos. As percepções dos pais e o medo do seqüestro boa parte das vezes são indicadores válidos. Uma história de violência é outro dado, incluindo ameaças de morte ao pai ou mãe que está cuidando da criança. Cinqüenta e três por cento dos seqüestradores já tinham espancado seus cônjuges e 30% tinham espancado um filho primogênito. Crianças com idades de 3 a 9 anos são as mais vulneráveis ao seqüestro. A idade, e não o sexo, é o fator principal.

Além de tudo, há pouca proteção legal de antemão que seja disponível. Os direitos de visita de um pai ou mãe não serão restritos, a não ser que haja um dano sério ou que a probabilidade de seqüestro possa ser comprovada. Atualmente, no entanto, alguns países adotaram o Federal Uniform Child Custody Jurisdiction Act, que honra e faz cumprir as decisões sobre guarda dos filhos e visitação tomadas em outro estado americano ou países. Isso significa que você pode obter uma ordem de cumprimento em seu estado e, por seu intermédio, são dados efeito e força total em seu antigo estado.

Embora seja crime seqüestrar crianças ao levá-las para outro estado, o fato de um pai ou mãe viajar com um filho para fora do país certamente burlará as leis norte-americanas na maioria dos casos. Há pouco ou nenhum recurso legal para o outro cônjuge. Embora os signatários da Convenção de Haia tenham alguma autoridade em casos de divórcio, nenhum acordo internacional cobre especificamente os de guarda dos filhos. O Japão, por exemplo, nunca assinou os acordos da Convenção de Haia, de modo que os filhos não são legalmente "recuperáveis". O maior número de crianças levadas dos Estados Unidos vai para a Alemanha Ocidental, México, Reino Unido e Itália. As levadas para o Oriente Médio são as mais difíceis de serem recuperadas, em função das diferenças culturais de acordo com as quais as mulheres têm pouca influência e pais que são cidadãos estrangeiros podem conseguir passaportes de seu país para os filhos.

Tomando Cuidado

Sempre leve a sério as ameaças de seqüestro de um cônjuge irado. Em geral, seqüestradores de crianças não guardam segredo de suas intenções. A seguir, algumas precauções a serem tomadas, se você teme um seqüestro desse tipo:

- Mantenha bom relacionamento com seu ex-cônjuge, assim como com sua família e amigos. Muitos seqüestros de crianças são levados a cabo por vingança.
- Organize um arquivo de documentos para rastrear seu cônjuge: licença de motorista, números de cartão de crédito, de contas bancárias, do CPF e título de eleitor.
- Avise o pessoal da escola sobre suas preocupações e diga-lhes para permitir que somente as pessoas que você indicou possam pegar seu filho.
- Peça a professores, motoristas de ônibus e outras pessoas que costumam transitar nas imediações da escola para ficarem atentas a desocupados que possam parecer interessados em seu filho e que mantenham você informado.
- Prepare seu filho sem alarmá-lo. Se você tem guarda exclusiva, faça-o saber que ele não tem direito de ir a qualquer lugar sem sua permissão – mesmo que seja com o outro cônjuge.
- Tire logo um passaporte para seu filho. Não é uma garantia contra seqüestro, mas é um obstáculo adicional, já que o outro pai não terá condições de tirar facilmente outro para ele.
- Procure os órgãos responsáveis pela emissão de passaportes e escreva, solicitando que nenhum passaporte seja emitido para seu filho a pedido do outro cônjuge. Você terá de incluir uma cópia autenticada da ordem de guarda do seu filho.
- Avise a polícia local sobre seus medos, de forma que eles respondam imediatamente a um telefonema seu. Eles também podem pedir uma cópia autenticada da ordem de guarda do seu filho.

CAPÍTULO 6

A GUARDA EXCLUSIVA DOS FILHOS E O OUTRO CÔNJUGE

Alguns pais buscam a guarda exclusiva porque acham que ela mostra ao mundo quem é o melhor e mais devotado pai. Outros erroneamente lutam pela guarda exclusiva, achando que nunca terão de lidar com o outro cônjuge novamente. Em ambos os casos, há um grande mal-entendido a respeito da guarda exclusiva dos filhos. Algumas vezes, ela é a melhor escolha; outras, ela simplesmente acontece quando um dos pais deixa o lar. A guarda exclusiva significa que um dos pais proporcionará a maioria dos cuidados diários para os filhos mas não significa, nem deve significar, que ele criará os filhos sozinho.

Até os anos 70, mulheres divorciadas automaticamente ganhavam a guarda dos filhos, a não ser que fossem consideradas negligentes ou incompetentes. Muita gente ainda acha que a guarda dos filhos pela mãe é a mais adequada. Mas a guarda exclusiva não é fácil para as mães. Com as crianças e a responsabilidade total de cuidar delas, geralmente vem a insegurança financeira, a perda da identidade como adulto que faz parte de um casal, a raiva por ter sido abandonada (se for o caso), possível perda do lar e provável entrada no mercado de trabalho (ou retorno a ele).

> Qual dos Pais Funciona Melhor?
> Não Há uma Resposta para Essa Pergunta.
> Se Você Acha Que Há, Fique Certo de Que
> Provavelmente Não é Você.

Os que têm a guarda dos filhos quase sempre acham que só eles são o verdadeiro pai ou mãe da criança, o que é uma meia-verdade. O mundo está mudando. Pais que foram ativos no nascimento, na hora de trocar as fraldas e de alimentar as crianças não mais se adaptam à tradição segundo a qual a mãe convencionalmente é a guardiã dos filhos. Em vez de perder a guarda, muitos pais estão tentando consegui-la. No processo, as necessidades dos filhos poucas vezes são vistas sob uma luz não-emocional.

> *Eu tinha a guarda exclusiva de minha filha. Era uma responsabilidade total e muito pesada. Não tive férias até que ela cresceu o suficiente para poder ir a um acampamento.*
>
> Susan Resnik, New York City

QUANDO O PAI TOMA CONTA DA CASA

Os pais solitários estão descobrindo o que mães exclusivas já sabiam há muito tempo: criar filhos enquanto se tenta construir uma vida não é um trabalho fácil!

Deveria a decisão sobre a guarda dos filhos ser baseada no sexo? Não. É importante olhar de maneira realista para ver o que cada um dos pais pode oferecer em termos práticos e emocionais e do que os filhos precisam em cada fase de suas vidas. Há muitos pais que sabem e souberam oferecer cuidados primários. Os pais assumem as tarefas relacionadas à criação dos filhos de forma bem semelhante à das mães. Pais que têm a guarda dos filhos proporcionam a mesma quantidade de abraços, refeições bem balanceadas e lições de piano do que as mães.

Embora estejam atualmente se interessando pela guarda dos filhos, nos Estados Unidos, cerca de metade dos pais que a consegue o faz automaticamente, sendo que apenas 20% a obtém por meio de batalhas judiciais, e esse número está crescendo. Algumas mulheres sentem que seus ex-maridos buscam a guarda exclusiva dos filhos para evitar o pagamento de pensão para as crianças, achando que é "mais barato" eles mesmos cuidarem dos filhos e que a sua guarda lhes dá mais controle. Pelo fato de a maioria dos homens normalmente ter uma situação financeira mais estável, eles estão competindo em igual-

Você Realmente Está Pronto para Tomar Conta Sozinho dos Seus Filhos?

✓ Você tem as habilidades necessárias para cuidar de uma casa com duas ou mais pessoas?

✓ Você pode ser feliz possuindo um carro ou perua familiar?

✓ Você consegue se sentir à vontade falando a seu filho ou filha sobre educação sexual?

✓ Como o fato de ficar em casa com uma criança que está doente vai afetar seu emprego?

✓ Você pode proporcionar um modelo apropriado quando se trata de namorar e ter uma vida social?

✓ Você consegue lidar com a crítica e com os altos e baixos emocionais que as crianças trazem para o relacionamento? (E você achava que viver com sua ex-esposa era difícil!)

dade de condições nessas batalhas judiciais. Em seu livro *The Daddy Track and the Single Father* (Free Press), Jeffrey Gref conta que pais solitários têm mais maleabilidade de tempo para cuidar das crianças, mas, como não acreditam que o consigam, não lutam pela guarda dos filhos.

Divorciei-me quando meus meninos tinham 7 anos e meio e 10 anos e meio. Eles vêem o pai na metade do verão, metade das férias de Natal e Páscoa. Ele vive em outra parte do estado. Um dos garotos romantizou tanto a liberdade que tinha que o deixamos morar ali por um ano e meio. Ele voltou com a conclusão que toda aquela "liberdade" (falta de supervisão) não tinha feito com que se sentisse amado. Eles sabem que, quando ficarem maiores, poderão morar com ele se assim escolherem.

Barbara Wade, Califórnia

A Mãe Que Trabalha Fora e Sua Desvantagem Quanto à Guarda dos Filhos

Nos Estados Unidos, a tendência das mudanças na guarda dos filhos nos anos 90 tem agido contrariamente à mãe que trabalha. Enquanto a dona-de-casa é encorajada a colocar o filho em uma creche e procurar emprego, as mães de classe média que trabalham fora e as executivas cujos filhos ficam em casa com uma babá ou em uma creche estão agora perdendo sua guarda. Os pais não estão sujeitos aos mesmos padrões das mães que trabalham fora em questões de disputas pela guarda dos filhos. Atualmente, se elas parecem se preocupar muito com seus empregos (seja qual for a razão, inclusive pela renda), correm o risco de perder a guarda dos filhos. A implicação parece ser a de que você não pode ao mesmo tempo fazer parte da força de trabalho e cuidar dos filhos. E é engraçado pensar que as mulheres fizeram isso o tempo todo durante muitos anos – mesmo naqueles em que era norma a mãe ficar em casa.

A mulher está pagando pelos avanços que conseguiu no espaço de trabalho nos casos de divórcio em que a guarda dos filhos é contestada. O fato de se tornar economicamente independente está sendo usado contra ela. Em decisões judiciais que foram contra mães que trabalham fora, elas vão contra juízes (tanto homens como mulheres) que parecem cultivar um preconceito contra mães empregadas ou profissionais.

As mulheres suportam a carga e ao mesmo tempo a bênção da maternidade. Assumir que a criação dos filhos está relacionada ao gene é injusto tanto para elas como para os homens. Estudos mostram que pelo menos um terço das mães que desistem dos filhos não se sentem culpadas, pois acreditam que seja para o bem das crianças. Outras, passados alguns anos, lamentam sua decisão. Proporcionar os cuidados primários à criança não necessariamente é uma coisa para todos, mas criar filhos é uma responsabilidade dos dois. O jeito de fazê-lo pode assumir várias formas.

Mães Que Não Têm a Guarda dos Filhos

Mais de dois milhões de mães nos Estados Unidos não têm a guarda física de seus filhos. Aparentemente metade dessas mães escolheu essa situação, achando que o pai podia cuidar bem dos filhos e oferecer-lhes um lar mais seguro. Independentemente das circunstâncias, mesmo hoje em dia essas mulheres têm de lidar com um certo estigma social. A sociedade parece penalizá-las por não cuidarem dos filhos. Muitas vezes se diz que elas são mães "desertoras" ou "ausentes". Elas têm de lidar com perguntas do tipo: "O que você fez para perder a guarda dos filhos?", ou "Que tipo de mãe optaria por desistir dos filhos?" Ironicamente, encontros de grupos de apoio para pais solitários são um dos poucos lugares onde elas conseguem encontrar compreensão e ajuda.

Meus pais se divorciaram quando eu tinha 4 anos e, aos 8, escolhi com quem eu queria morar. Nenhum dos dois estava bem financeiramente. Escolhi meu pai porque nos dávamos melhor juntos. Eu gosto dos meus dois pais. Essa questão da guarda não tinha importância para mim porque eu podia ver os dois. E ainda vejo.

Depoimento de uma mulher adulta feito por telefone para Phil Donahue Show

Um comentário interessante: crianças que moram com o pai têm mais contato com suas mães do que o inverso.

IMPEDINDO QUE SEU EX-CÔNJUGE SE TORNE EX-PAI OU EX-MÃE

Infelizmente, a guarda exclusiva dos filhos significa que um dos cônjuges a perdeu. Estar nessa situação é doloroso e ficar ausente às vezes é mais fácil do que lidar com o cronograma de visitas estabelecido pelo juiz. Sim, há pais (e mães) que não se preocupam com atenção e alimento; freqüentemente é a perda do acesso normal a seus filhos que faz deles ausentes.

O pai ou a mãe que tem a guarda dos filhos pode sofrer com o que lhe parece ser uma responsabilidade sem fim de cuidar das crianças, enquanto o outro cônjuge sofre por ser cortado do convívio com os filhos. Quem vive com o filho tem a inegável vantagem de ser a pessoa que toma as decisões, enquanto o outro tem a vantagem de ter mais tempo livre. Um tem inveja das vantagens do outro e os dois estão pouco atentos às vantagens que têm. Se existe uma situação de muita raiva, desconfiança e desaprovação entre os pais, pode se tornar difícil para o que fica com os filhos encorajar o envolvimento com o outro. Mas os filhos têm o direito de conhecer e amar a ambos os pais e, a não ser em circunstâncias muito especiais, o pai que não tem a guarda das crianças tem o direito de vê-las e de passar um tempo com elas.

Mesmo quando um acordo legal relativo à guarda dos filhos estabelece um período de tempo para as visitas, o pai que não tem a guarda dos filhos muitas vezes se sente desestimulado em função do desconforto de ter um "tempo de visita" e de lidar com o outro cônjuge e com sua falta de controle. Ele, então, vai gradualmente desaparecendo da vida dos filhos.

Quando as mulheres começam o processo de divórcio, os homens muitas vezes param de ver os filhos, o que pode ocorrer por apenas alguns meses ou continuar por muitos anos. Por vezes, esse afastamento é por raiva da esposa ou resultante de mágoa e sofrimento. Um homem nessa situação pode concluir que é considerado indesejável pela esposa ou que os filhos não o querem nem precisam dele.

O pai ou a mãe responsável pelos cuidados primários pode ajudar a fazer contato mais facilmente e encorajar o convívio regular com os filhos, mesmo que exija um esforço a mais, sobretudo se ainda houver um grande ressentimento. É uma época em que você precisa separar seu relacionamento conjugal do filial. Isso é difícil, mas *é possível*. Você precisa tentar não ficar "dirigindo" os padrões de criação do seu ex-cônjuge e concentrar esforços em facilitar o acesso.

Homens que foram pais competentes e participantes antes do divórcio podem continuar exercendo sua capacidade de serem pais depois dele. Um estudo evidencia que pais que permanecem ligados durante o primeiro ano de um divórcio continuam envolvidos. Algumas mulheres muitas vezes ficam contentes quando seus filhos não vêem muito o pai, porque não vão tomá-lo como um modelo significativo de comportamento. Mas a falta do contato e de familiaridade com o outro cônjuge não é garantia de que a criança estará livre dos vícios ou dos traços menos nobres exemplificados por ele.

Uma família hoje é definida mais pela sua história comum do que por seus laços de sangue. Negue a um pai o direito de participar da história do crescimento de seus filhos e ele não se sentirá – nem agirá – como pai.

> *Meus filhos viviam com a mãe, a 450 quilômetros de distância. Cada viagem que eu fazia para vê-los era difícil pelo fato de ter de dirigir, pela ansiedade sobre como estariam e pelas dificuldades com minha ex-mulher. As crianças e eu íamos para um hotel, nos "apresentávamos de novo" e, por dois dias, eu me sentia novamente como um pai. A viagem de volta para casa era sempre horrível e eu tinha de me acostumar de novo a perdê-los. Finalmente decidi que seria mais fácil para todos acabar com as viagens. Sempre enviei meu cheque da pensão e nunca esqueci um aniversário ou Natal. Como não sabia o que comprar para eles, simplesmente mandava os cheques. Quando meus filhos cresceram, cada um veio até mim separadamente e me disse quanto tinha ficado ressentido com o meu desaparecimento de sua vida. Cada um deles me disse que teria preferido o sofrimento das visitas do que o fato de eu ter me tornado apenas um "cheque" em sua vida.*

> *Anônimo*

Não Importa Como Você Se Sente em Relação
ao Outro Cônjuge... Importa Como Você Age.

Incentivando a Criação pelos Pais em "Meio período"

Algumas das seguintes sugestões podem ajudar você a separar seus sentimentos das suas ações. Se você tem a guarda dos filhos, definirá o

CONVERSANDO SOBRE DIVÓRCIO

tom para o tempo que seu ex-cônjuge vai conviver com as crianças e quanto isso pode funcionar bem para elas. Se você quer que ele respeite seus parâmetros de criação e dê atenção a elas, então é preciso que faça o mesmo. Ser você for flexível, contribuirá para que seu ex-cônjuge também o seja. Tente as seguintes dicas:

- Imagine-se como o pai "visitante". O cronograma de visitas agradaria a você? É difícil ser pai por tempo parcial.
- Quanto possível, procure manter a regularidade do cronograma de visitas e só cancele uma visita se for absolutamente necessário.
- Crie um calendário marcado com cores, de forma que as crianças possam ver rapidamente em que dia elas estão. (Seja generoso e faça um calendário igual para o outro cônjuge.)
- Planeje as visitas de feriados e de férias com antecedência, para que as crianças com idade suficiente para ter uma idéia do tempo possam saber o que vai acontecer.
- Discuta problemas específicos relativos à criança. Muitas vezes, o outro cônjuge está tendo o mesmo problema e uma estratégia conjunta pode resultar em um comportamento e tempo de convivência melhor para cada um de vocês.
- Não interfira no estilo do outro cônjuge de criar as crianças. Não diga a seu filho que o outro cônjuge não deveria deixá-lo acordado até tarde. Apenas defina *o seu* horário de mandá-lo para a cama e seja fiel a ele.
- Estimule a comunicação freqüente entre as crianças e o outro cônjuge por meio de ligações telefônicas e bilhetes. Não use as ligações do outro cônjuge para as crianças como pretexto para discutir ou falar de dinheiro, pois ele deixará de ligar.
- Diga ao outro cônjuge quanto você aprecia o comportamento dele ou e o tempo que ele passa com as crianças (ainda que você tenha de ir ao fundo do seu ser para encontrar essas palavras). Diga-lhe que você quer que ele seja uma parte importante da vida das crianças.
- Ajude a manter um relacionamento agradável e funcional com o outro cônjuge por meio de ligações ocasionais para comentar as coisas boas que acontecem com as crianças quando elas estão com você – uma nova habilidade, um ótimo boletim escolar – e não apenas os problemas.

Agora que ele era oficial e legalmente o pai visitante (ou visitado) algo notável aconteceu. Aos 35 anos, ele escolheu a paternidade. Dessa vez ele realmente a escolheu. De início, devido à solidão e à culpa e, por fim, devido ao prazer, o pai visitante finalmente estabeleceu uma relação com os filhos. Ele passou mais tempo com eles em dez meses do que tinha passado em dez anos. Sozinho com as crianças, fez um estágio de treinamento intensivo. Tornou-se o tipo de pai que sabia como fazer tranças nos cabelos e limitar o consumo de junk food e de guloseimas. Sozinho com os filhos, descobriu que eram incrivelmente interessantes. O pai visitante que nunca tinha tido tempo para ficar com os filhos finalmente conseguiu arranjá-lo.

Ellen Goodman, The Boston Globe

Freqüentemente, as mulheres são mais flexíveis em aceitar variados padrões nos cuidados diários de seus filhos do que em aceitar qualquer maneira de criação imposta pelo ex-marido. As crianças podem, sim, ser cuidadas por pais não tão "adequados" e florescer, porque eles se preocupam com elas. O carinho conta mais do que a mecânica da tarefa.

Encoraje seu ex-cônjuge a ir às reuniões da escola. A relutância mútua em ficarem juntos será compensada pelo prazer das crianças ao descobrirem que sua vida escolar é de importância fundamental para vocês dois. Ouvirem juntos elogios sobre seus filhos reafirma os bons frutos que seu casamento produziu. Tente alternar a ida às reuniões, se vocês não podem ir juntos. Se há problemas escolares que precisam ser conversados, reuniões entre os pais e o professor podem ser construtivas para pôr em prática um plano conjunto de estratégias relativas à criação dos filhos.

Sob o ponto de vista prático:

- Acostume-se a fazer cópias extras das fotos das crianças, de maneira que elas possam dividi-las com o outro cônjuge e com os parentes.
- Lembre seu filho de convidar seu ex-cônjuge para eventos ou apresentações.
- Regularmente, mande alguns trabalhos escolares para o outro cônjuge por meio do seu filho.

- Não programe atividades depois da escola ou nos fins de semana para seu filho sem antes discuti-las com o outro cônjuge, já que o tempo de ficar com ele será afetado.
- Incentive a participação das crianças tomando notas ou fazendo relatórios sobre cada dia (pode ser um diário), de forma que elas possam comentar detalhes com o outro cônjuge quando ele lhes perguntar o que andam fazendo, ou mantendo seus próprios diários ou, também, anotando as próximas visitas.
- Permita que as crianças levem seus brinquedos e livros favoritos quando forem viajar, mesmo que para você eles sejam presentes especiais.
- Dê-se ao trabalho de ajudar as crianças a selecionar cartões e presentes para o aniversário do outro cônjuge e para datas festivas. (Presenteá-lo ou não é uma decisão sua.)
- Forneça ao outro cônjuge o telefone da babá de seus filhos, para que eles não tenham de se acostumar com outra. (Sim, você tem de aceitar o fato de que seu ex-cônjuge não vai passar cada momento desperto com seus filhos, mesmo durante suas curtas estadas junto a ele.)
- Facilite a hora de buscar e trazer os filhos.

Ainda que o Divórcio Crie uma Distância,
Ele Não Precisa Criar uma Ausência.

Uma amiga se divorciou quando seu filho tinha 4 anos e seu ex-marido mudou-se para um lugar a 1.500 quilômetros de distância. Todo verão ela colocava o filho em um avião para uma visita de um mês. Ele voltava para casa com histórias que indicavam falta de interesse do pai por ele. Ainda assim, ele continuava querendo visitá-lo. Por alguns anos, ela se perguntou: "Por que estou me permitindo essa farsa?", especialmente no verão em que ele contratou uma babá para uma das quatro semanas que o filho passaria com ele e foi acampar com uns amigos. No entanto, ela foi recompensada por todos aqueles anos em que incentivou as visitas, quando seu filho veio até ela aos 14 anos e disse: "Mamãe, este verão, quando eu estava com o Papai, finalmente entendi por que você se divorciou dele".

Anônima

O Pai/Mãe Irresponsável

Muitos pais que não têm a guarda dos filhos não são pontuais ou não são confiáveis no que se refere às visitas. Há muitas razões possíveis para esse fato. Alguns simplesmente não são pontuais nem confiáveis para nada. O divórcio não muda nem melhora essa questão. Outros realmente não estão interessados em seus filhos, mas muitos outros sentem-se desconfortáveis em seu novo papel em relação às crianças, com medo dos sentimentos delas, sentindo-se inseguros quanto à forma de proceder etc.

A maioria das crianças, especialmente as menores, prefere alguma visita, ainda que irresponsável, do que nenhuma. Freqüentemente, é difícil para o pai que tem a guarda aceitar essa preferência. Há muito pouco que você possa fazer para ajudar, a não ser deixar seu filho falar sobre os sentimentos dele. Se você, sendo adulto, se sente incomodado por ter de esperar por horas, pode dizer a seu ex-cônjuge que vai esperar por 45 minutos e então sair com os filhos. Você pode ter de fazer isso algumas vezes até resolver o problema. A longo prazo, seus filhos ficarão em melhor situação se você lidar com essa questão de maneira prática. A irresponsabilidade pode incomodar você mais do que às crianças. No final, elas provavelmente vão entender essa fraqueza do outro cônjuge.

> *Meu pai nunca aparecia quando dizia que ia. Por muitos dias, fiquei sentado junto à janela, com minha sacola, esperando e vendo se ele chegava, mas ele nunca vinha. Quando me lembro dessas coisas, penso como minha mãe agüentou isso. E sem dizer nada. Ela deixava que eu ficasse olhando e esperando, enquanto cuidava das suas coisas. Isso era muito bom para mim, pois ela me deixava fazer o que eu sentia necessidade.*
>
> *Anônimo*

Tornando as Coisas Mais Fáceis com as Crianças

A criação dos filhos longe do seu ex-cônjuge não só é problemática para os adultos, como também é difícil para as crianças. Se você souber lidar com o assunto, há algumas formas de ajudá-las.

- Fale de maneira positiva com os filhos sobre o outro cônjuge. Se não for possível esconder seu ressentimento, pelo menos expresse-o de maneira a deixar claro que os problemas são entre você e ele – sem envolver as crianças. (Por exemplo: "Acho que seu pai e eu não falamos francamente sobre essa questão.")
- Seja civilizado com seu ex-cônjuge quando acontecer de vocês ficarem juntos. A hostilidade aberta magoa e destrói os laços de lealdade das crianças.
- Não force seus filhos a se envolverem em assuntos de adultos, pedindo-lhes que transmitam seus recados (horários de pegar as crianças, dinheiro devido etc.) para o outro cônjuge. Use o telefone e o correio para se comunicar com ele.
- Não interrogue seu filho para obter informações sobre o outro cônjuge.
- Seja cortês no que se refere a deixar seus filhos mostrarem entusiasmo e falarem sobre a moradia do seu ex-cônjuge e sobre o que fazem quando estão com ele, mesmo que tenha de morder a própria língua.
- Não tente mediar conflitos ou envolver-se em discussões entre seus filhos e seu ex-cônjuge. Lembre-se de que, embora você possa ajudar, o outro cônjuge (que não fica com os filhos) é em última instância o responsável por manter um relacionamento pessoal com eles.
- Incentive seus filhos a não culparem o cônjuge que deu início ao divórcio. Ajude-os a ver como a raiva (mesmo a justificada) realmente sempre machuca a quem a sente e não àquele que é seu alvo.

Não deprecie seu ex-companheiro diante de uma criança. Um adolescente desprezará você por isso e uma criança pequena ficará confusa e infeliz. Lembre-se: mesmo que você e seu novo parceiro tenham a guarda da criança e estejam pagando as contas, o pai que apenas a visita também tem sua parte em relação a ela.

Anônima, mãe divorciada

Ainda lembro de mim como uma criança chorando de pé na beira da estrada, esperando meu pai vir me buscar. Havia muitas vezes em que ele não vinha. Anos depois, soube que, quando meus pais iam brigar, ela dizia a ele que não viesse nos ver. Ela não avisava que ele não viria e isso me fazia pensar que ele era ruim.

Charmaine Rusu, Arizona

Crianças pequenas, em particular, muitas vezes colocam o pai ou a mãe ausente em um pedestal. Essa adoração de herói vai exigir muito da sua tolerância. Não deixe o ressentimento levar você a dizer para seu filho coisas em que, na verdade, não acredita (ou em que talvez possa realmente acreditar). Lembre-se: você é o adulto. Ninguém disse que seria fácil. É difícil manter uma perspectiva racional quando seu filho retorna da estada com o outro cônjuge com um relato entusiasmado. Um passeio especial e um pequeno brinquedo parecem ter mais valor do que todos os seus cuidados durante a semana inteira.

Isso tem a ver com a sua situação? Então, pare e se lembre de ser agradecido a seu outro cônjuge pelo fato de ele cuidar da criança e ter permanecido envolvido com ela. Receber carinho e cuidados é do que as crianças precisam. Não faça julgamentos sobre os aspectos inadequados da atenção de seu ex-cônjuge. As crianças *não* estão criticando você quando manifestam prazer em visitar seu ex-cônjuge. Se necessário, converse um pouco com seus botões, lembrando a você mesmo tudo de positivo que você faz para seus filhos, assim como seu carinho e sua abnegação. Eles não vão atacar você; nem seu ex-cônjuge. É bom fazer isso para você.

Quando um pai ou mãe distante deixa de aparecer, a criança não vai culpar você ou ao outro cônjuge. Ela colocará a culpa nela mesma. Vai achar que "Eu devo ter feito alguma coisa errada ou fui uma criança ruim para que o Papai (ou a Mamãe) não queira me ver mais". Pode ser útil explicar à criança como a visita é "dolorosa" para um cônjuge que não mora mais em casa, a fim de que seu sentimento de culpa diminua. Certamente, essa não é uma tarefa fácil para um pai ou mãe que toma conta dos filhos; simplesmente é uma tarefa necessária! Se seu ex-cônjuge não está ficando mais com as crianças, peça-lhe uma explicação. Então, coloque-a para as crianças. Elas precisam entender que não são a causa da falha nas visitas.

> Não Importam Quais Acordos os Pais Façam,
> Eles Não Perdem Seu Amor pelos Filhos.
> *No Entanto, Podem Perder Sua Capacidade*
> *de Demonstrar Esse Amor.*

"Reentrada" e "Ricochete"

A criação compartilhada dos filhos é nova para o pai ou a mãe que agora está distante, mas também é nova para a criança. Os filhos muitas vezes parecem perturbados, hiperativos e não-cooperativos ao voltarem para casa depois de visitar o pai. Geralmente, costuma-se dizer que eles estão "ricocheteando". Essa ansiedade de transição pode levar de seis meses a um ano para se estabilizar, mas se estabiliza. Enquanto isso, ajude-o, mantendo rotinas consistentes e não caindo na tentação de fazer desse assunto uma razão para que seu filho não veja o outro cônjuge.

Observe como você pode facilitar essa transição:

- Sua percepção e expectativa com relação a essa síndrome serão a ferramenta mais eficiente para lidar com ela. Quando você espera um comportamento, pode se preparar para ele.
- Dê segurança para seus filhos expressarem sentimentos conflitantes quando retornarem para casa. Voltar lembra-lhes de que não podem ter os dois pais juntos, portanto eles ficam ao mesmo tempo felizes e infelizes com esse retorno, por ter deixado o pai ou a mãe que não mora com eles.

- Assistir a um programa de TV ou a um vídeo favorito pode fazer seus filhos voltarem ao ritmo do lar. Você também pode envolvê-los, brincando com um jogo, ouvindo música, cozinhando ou montando um quebra-cabeça.
- Fazer uma refeição ou servir um lanche ajuda os filhos a se reintegrarem à rotina.
- Pense que, ao voltar da visita ao pai que mora só, seu filho terá reação semelhante àquela que você tem quando chega de férias: não quer desfazer as malas e não está muito certo de como ocupar a casa.

Seja tolerante com a criança dengosa e chorosa que não quer que o pai que não mora com ela vá embora. É uma reação natural, que vai passar com o tempo. Também pode ser um sinal de que a criança precise ficar mais tempo com ele, o que não significa um sentimento negativo em relação a você.

E, quando a criança volta toda desarrumada (ou irritada, ou suja, ou exausta), sua reentrada em casa pode ser mais difícil para você do que para ela. Mas dois lares diferentes podem ter regras diferentes. Se o tempo que a criança passou com o outro cônjuge foi bom para ela, evite a crítica e amplie seus níveis de tolerância.

Para o pai ou a mãe que vem pegar as crianças, a reentrada delas em sua vida pode ser igualmente difícil. Um pai que conheço sempre passa em uma mercearia no caminho de casa. Então, fazem o jantar juntos. Essa rotina "normalizante" tornou-se seu ritual para começar o tempo que ficarão juntos.

Tomando Cuidado para Que Você Não Se Torne um Ex-Pai ou Ex-Mãe

Muitas pessoas assumem que o pai ou mãe que fica sozinho tem um tempo de ajuste mais fácil. Mas ele tem de lidar com um paradoxo. Embora feliz por estar longe da cena de um casamento ruim e talvez sentindo alívio por se ver livre da responsabilidade diária com os filhos, ele freqüentemente tem de lutar contra a solidão, culpa e depressão. Muitas vezes há também a raiva pelo fato de lhe ser negada a participação em decisões relativas à criação dos filhos, de perder a intimidade que o cuidado com eles proporciona e pelos conseqüentes sentimentos de impotência.

Dentre os que não vivem com os filhos, muitos são pais que, não raro, estão desacostumados a se preocupar com as necessidades dos filhos nem têm familiaridade com a rotina dos cuidados com eles – da mesma forma que certas mulheres não têm familiaridade para lidar com finanças. Mas eles podem e vão aprender, se lhes for dada a oportunidade. Seu estilo pode diferir do da Mamãe, mas isso não significa que não possam atuar satisfatoriamente. E, Papai, nunca se esconda por trás da racionalização de que, como você nunca fez muito por eles antes, as crianças não vão precisar de você agora. Elas vão, sim. Os pais precisam imaginar como exercer sua função paterna sem morar na mesma casa. Na condição de pai que mora em outra casa, é fácil tornar-se um intruso na vida de seus filhos. Exercer a paternidade a distância não é apenas possível, é recompensador. Vai exigir tempo e prática. Seja paciente... com você mesmo e com a pessoa que vivia com você.

Como evitar que você se torne um ex-pai ou ex-mãe se você mora em outra casa e vive cercado de limitações e constrangimentos relativos ao acesso aos filhos? A resposta é

Consistência... Freqüência... Previsibilidade.

Diga a seus filhos que podem contar com você. Com contatos não muito freqüentes, você acaba lhes dizendo – por meio de suas ações – que não podem contar. Cumpra seus compromissos, sejam financeiros ou de qualquer espécie. A falta de pagamento da pensão pode resultar em mais ressentimento e alienação, que acabam atingindo as crianças. Cancelar ou adiar constantemente as visitas passa aos filhos a idéia de que você não se importa com eles ou não os considera importantes. Além disso, atente para o seguinte:

◆ Faça deles a sua casa, mantendo quadros familiares, espalhando outros objetos por ela e expondo os trabalhos deles. Assegure-se de que haja um local para os pertences de cada um, nem que seja uma gaveta ou uma prateleira do guarda-roupa. Apresente-os a seus novos vizinhos, fazendo caminhadas com eles e observando crianças da mesma idade.

- Mantenha em casa artigos especiais, como roupas de banho ou botas. Você pode duplicar facilmente esses objetos pouco usados, comprando-os em lojas de artigos de segunda mão, estando aberto para ganhar roupas e calçados usados ou comprando-os em liquidações.
- Incentive as crianças a trazerem suas lições de casa e tenha sempre materiais para pintura e desenho, de modo que às vezes possam trabalhar ou brincar sozinhas. Você verá que há menos pressão para todos se não passarem cada minuto da visita fazendo alguma coisa especial juntos. Pais e mães nessa situação muitas vezes tentam fazer tudo de uma vez, em uma única visita. Não faça isso. Relaxe. Com o tempo, vocês se sentirão mais à vontade com seus novos arranjos de vida.
- Deixe cada um dos filhos trazer um convidado, ocasionalmente. Lembre-se, no entanto, de que será mais fácil para as crianças se você não tiver um parceiro ou parceira na primeira visita – e também será mais fácil, mais tarde, se você não tiver um parceiro ou parceira em *todas* as visitas.
- Tente passar um tempo sozinho com cada um dos filhos quando eles o visitarem juntos, e faça com que periodicamente cada um deles o visite separadamente. Uma convivência a dois é importante e constitui um memorável e qualitativo tempo. Muitos pais e mães que cuidam dos filhos se sentiriam muito confortáveis em passar um tempo extra com apenas um filho, ainda que estivessem "perdendo" seu tempo de descanso uma vez ou outra.
- Faça sua visita no meio da semana, em uma hora que seja possível realizar uma atividade ou uma lição junto com seu filho. Vocês usarão o tempo de forma útil, relaxada e normal, sem a necessidade de saírem para se divertir.
- Mantenha-se a par das atividades escolares e externas das crianças. Se moram na mesma cidade, tente comparecer aos eventos dos quais elas participem. Diga ao pessoal da escola que você gostaria que lhe informassem sobre os progressos ou problemas dos seus filhos e faça esforços diários para comparecer às reuniões e eventos escolares.
- Procure saber com antecedência se seus filhos pretendem ir a alguma festa ou atividade da escola, de forma que possa lhes dar carona.

- Faça da apresentação do boletim escolar um acontecimento, como um motivo para jantar fora, por exemplo. Essa atitude vai ajudar a garantir que seu filho informará você quando ele chegar.
- Decida que você não desempenhará um papel menor na vida de seus filhos. Telefone a eles diariamente, vá a algumas aulas junto com eles, desenvolva um interesse comum que seja fácil de partilhar tanto durante as visitas, como quando vocês estiverem longe; manter uma coleção de peixes tropicais pode ser um bom exemplo.
- Esteja atento a frustrações de crianças pequenas que podem ser expressas em palavras como "Quero voltar para a casa da Mamãe". Estimule o uso do telefone nessas ocasiões e tente ser tolerante.

Nunca deixe que as barreiras ou as atitudes negativas do cônjuge que tem a guarda dos filhos os impeça de saber quanto você se preocupa com eles.

DICAS DE PASSEIOS PARA PAIS/MÃES DE FIM DE SEMANA

Não querer competir com o cônjuge que tem a guarda dos filhos e ao mesmo tempo querer proporcionar a eles um tempo agradável é um equilíbrio difícil. Em circunstâncias familiares normais, um dos pais *nunca* fica o tempo todo a sós com seus filhos. Pais que não moram com os filhos se vêem na condição de ter uma criança de 7 ou 12 anos como um companheiro constante de fim de semana, o que não aconteceria se a família estivesse unida. É compreensível que esse pai ou mãe se ressinta do desgaste emocional (e por vezes financeiro) desse tempo concentrado que eles passam juntos. Seja paciente. Com o tempo, a diversão e os passeios darão lugar a uma convivência com mais qualidade. Lembre-se: o que as crianças precisam é de um pai, não de um promotor de eventos ou "animador de acampamentos". Não tente compensar as coisas. Deixe que as crianças dêem sugestões sobre onde vocês vão e sobre o que vão fazer, mas também passe um tempo tranqüilo em casa. Designe tarefas e estabeleça regras de disciplina seme-lhantes às que elas estão acostumadas.

Além disso, lembre-se de que:

- Passeios bem-sucedidos requerem prévio planejamento. Quer você esteja juntando as tralhas de cada um quer esteja plane-jando o tempo, pense adiante.
- Um guia com indicações para diversões infantis em sua cidade pode fornecer uma lista completa de novas idéias.
- Aeroportos, parques com lagos e shopping centers são óti-mos lugares para se passear.
- Em bibliotecas ou mesmo livrarias, é possível passar um bom tempo lendo.
- Um passeio de ônibus ou de trem a algum lugar situado a uma ou duas horas de distância pode contribuir para o dia passar mais rápido.
- Um passeio no campo, como uma visita a uma fazenda, em geral agrada a crianças de várias idades.
- Uma ida à praia também deixa a maioria das crianças felizes durante horas. Vocês podem fazer castelos de areia juntos.
- Começar um hobby ou uma coleção juntos oferece a opor-tunidade de bons momentos de convivência. Pedras são uma coleção em que não se gasta muito; a montagem de modelos é um bom projeto que dura bastante tempo, da mesma for-ma que a montagem de um quebra-cabeça. Restaurar um carro na companhia de um adolescente também pode ser bom para os dois.

Concentre-se em atividades que solidifiquem relacionamentos, não nas que distraem vocês, impedindo que se conheçam. Lembre-se de que as crianças têm seus próprios ciclos, fases e estágios... da mes-ma forma como tinham quando todos moravam juntos! Faça sua lição de casa. Leia sobre o desenvolvimento da criança e consiga alguns li-vros sobre educação de filhos para expandir suas habilidades de cuidar e lidar com eles.

O Pai/Mãe Que Mora Longe, em Outro Estado

A distância não impede o fato de uma criança se sentir amada e de você sentir a falta dela. Ela pode ser sempre uma barreira dolorosa para um pai ou mãe que more longe, mas sinceridade, consistência e reforços verbais podem preencher os muitos quilômetros que os separam. Além dos encontros nas datas especiais ou no verão, as duas maneiras básicas pelas quais um pai ou mãe distante se comunica são o correio e o telefone. Uma comunicação forte e energética por parte do pai ou mãe que está longe pode criar sentimentos de raiva, ansiedade e ciúme no cônjuge que cuida dos filhos. Esses sentimentos, embora compreensíveis, são verdadeiramente descabidos e tornam tudo mais difícil para as crianças. Em uma situação de longa distância, não há realmente outra solução, então, o pai ou mãe que vive com os filhos tem a seu favor o fato de ficar com as crianças a maior parte do ano.

> *Tive seis anos de guarda conjunta dos meus filhos até que, quando minha mulher se casou, eles mudaram. É triste ficar longe deles. O telefone ameniza bastante falta que sinto. Conversamos várias vezes por semana. Eles me ligam pedindo conselhos. Saber que estão melhor no lugar onde moram é ajuda, mas, mesmo assim, sinto a falta deles.*
>
> *Howard Rutman, Minnesota*

O fato de um dos pais se mudar para negar aos filhos a oportunidade de se relacionar com o outro pai e desestimular a comunicação entre eles, com o passar do tempo, sempre acaba se voltando contra ele. Emerge então um comportamento agressivo das crianças, que voltam sua raiva para o pai/mãe com quem moram. Sim, com o tempo os filhos vão culpar o pai/mãe que toma conta deles. A palavra-chave aqui é cortesia por parte de ambos os pais. Discrição e autocontrole são valiosos para manter abertos os canais de longa distância. Com certeza, pode haver um deslize ocasional, quando palavras inadequadas são ditas. Perdoe a si mesmo ou a seu ex-cônjuge e siga em frente. Não deixe que uma explosão momentânea seja obstáculo para conservar a ligação dele com seus filhos.

Ninguém sofre mais com a longa distância do que as crianças. Apesar dos rostos alegres (afinal, elas não querem que você fique triste e desejam que continue em contato), elas carregam um bocado de tristeza. Nenhuma criança gosta do desgaste de ter de viajar quilômetros. Ao chegar e partir, para ver e deixar cada um dos pais, elas também se deparam, simultaneamente, com sentimentos de grande felicidade e profundo sofrimento.

E há também a questão dos gastos com as viagens. Independentemente do que o juiz possa determinar a esse respeito, tente encará-los simplesmente como gastos extra e pense neles como qualquer outro tipo de investimento com benefícios a longo prazo. Infelizmente, o pai ou mãe distante que não pode arcar financeiramente com esses gastos extras terá de suportar o estigma adicional de não "fazer o bastante". É uma situação muito ingrata.

> *No Dia das Mães, antes de Josh mudar-se, meu ex-marido me deu um presente muito especial. Eram mil dólares para serem usados nos gastos de transporte, de forma que o dinheiro não interferisse na possibilidade de eu e Josh nos vermos. Graças a sua generosidade e às baixas tarifas aéreas disponíveis, pude ver Josh pelo menos uma vez por mês naquele primeiro ano.*
>
> *Miriam Galper Cohen*

MANTENDO AS LINHAS ABERTAS APESAR DA DISTÂNCIA

A distância pode corroer os laços entre pais e filhos – mas só se você permitir. Tanto o pai que cuida dos filhos como aquele que mora sozinho podem fazer uma série de coisas para tornar mais fácil esse processo.

❖ Sempre inicie um telefonema perguntando se é uma boa ocasião para falar. Se ligou na hora da refeição, as crianças são colocadas no meio e precisam tentar acomodar ambos os pais.

O custo de ligar de volta é pequeno comparado à ansiedade ou a sentimentos negativos.

- Não coloque o pai que cuida dos filhos na posição de ter de pagar por telefonemas interurbanos, especialmente se o dinheiro for um problema. As crianças devem ser ensinadas a ligar a cobrar.
- Quando telefonar em feriados ou em ocasiões especiais, leve em conta a agenda do pai que cuida dos filhos. Estabelecer horas predeterminadas para ligar costuma ser útil.
- Os fins de semana são convenientes para ligações telefônicas, já que as tarifas são mais baratas e é possível estender-se mais na conversa.
- Se o seu orçamento permite, experimente de vez em quando assistirem "juntos" a um programa de TV ou a um jogo, comentando-os pelo telefone.
- Se o seu orçamento é curto, envie mensagens gravadas em fitas cassete.
- Faça uma lista de coisas que você gostaria de discutir ou partilhar com as crianças durante a semana. Incentive seus filhos a fazerem o mesmo.
- Agradeça ao pai que cuida dos filhos por manter as linhas de comunicação abertas e passe adiante quaisquer outros "bons sentimentos" que você possa expressar. É um bom gerenciamento de negócios.
- Se é você quem fica com os filhos, tente oferecer opções úteis sem dar a impressão de que está controlando a convivência das crianças com o ex-cônjuge. Um pai ou mãe que não tem poderes já começa em desvantagem. Deixe que ele tenha algumas situações de "vitória".
- Faça com que seu filho memorize o número do telefone do seu escritório, o do celular etc. Faça disso um jogo até que ele consiga gravá-los. Saber que ele pode ter acesso direto a seu pai ou mãe distante é o máximo – para você e para ele.
- Comunique-se com as crianças de um jeito que funcione para elas. Se seu filho é viciado em computadores, comunique-se com ele (ainda que você deteste computadores!) por e-mail ou por programas que permitem uma conversa on-line. Algumas livrarias e cybercafés oferecem acesso pago à Internet por algumas horas.

Envie faxes (do seu escritório ou de casa). Pense na idéia de conseguir um aparelho de fax para o seu ex-cônjuge, de modo que você possa trocar fotos, trabalhos escolares e recadinhos com as crianças.

A Conexão Escrita

As crianças adoram receber cartas, portanto escreva sempre que puder. Ao escrevê-las, use um estilo, vocabulário e caligrafia (ou um texto digitado) apropriados a seu filho e a suas capacidades.

Essa não é a hora de transmitir conselhos e ensinamentos. O pai ou mãe ausente muitas vezes tem forte necessidade de ter esse tipo de atitude para provar sua eficiência na educação dos filhos. E, se pretende fazer comentários escritos sobre seu ex-cônjuge, assegure-se de que sejam positivos. (Acredite, isso também vai funcionar a seu favor.) Você tem de partir do princípio de que toda correspondência será lida por ele, sobretudo porque seu filho vai querer compartilhar as boas notícias que receber.

Para algumas crianças, cartas funcionam melhor do que telefonemas. Se você fica frustrado com as respostas monossilábicas a suas perguntas no telefone, comece uma correspondência. Ela pode abrir o mundo de seu filho para você.

- Para crianças entre 4 e 6 anos de idade, inclua imagens recortadas de revistas e fotos. A maioria das crianças também gosta de charadas e brincadeiras.
- Experimente mensagens cifradas para crianças que estão no primário. Elas podem ser enviadas na forma de cartões-postais depois que um dicionário inicial dos "códigos" for mandado. (Receber um novo postal a cada dia, durante muitos dias sucessivamente, pode ser bem divertido para uma criança que gosta de cartas.)
- Para os filhos que já sabem ler, recorte e mande artigos sobre os quais vocês possam comentar. Obviamente, você deve incluir os tópicos favoritos – computadores, novas tendências da moda, qualquer assunto que seja do interesse dele. Mensagens antidrogas ou contra o rock provavelmente não serão bem recebidas.

- Envie um cartão criativo ou gracioso quando não tiver muito o que dizer.
- Construa um tipo de jogo de xadrez ou damas que vocês possam jogar por correspondência.
- Dê para seus filhos envelopes selados e auto-endereçados ou postais. (Você também pode incluir alguns endereçados aos avós.)

Se o ex-cônjuge casou-se novamente, inclua o novo cônjuge na correspondência. As crianças devem ser incentivadas a manter boas relações com o padrasto ou a madrasta, pois é uma pessoa que foi adicionada à vida delas, e não veio para substituir você.

O Pai ou Mãe de Verão

Alguns pais ou mães dividem a guarda dos filhos, mas são forçados pelas circunstâncias a ficarem com eles apenas durante as férias. Outros são pais ou mães que não têm a guarda dos filhos, mas os acordos relativos às visitas incluem esses períodos longos. Ambos podem ter dificuldades de entrar novamente em contato com os filhos após separações longas. E muitos acham que tomar conta deles e mantê-los entretidos por um longo período é estressante e ao mesmo tempo agradável. Para ajudar você e as crianças, atente para o seguinte:

- Se você não os vê há muitos meses ou há um ano, prepare-se para observar grandes mudanças em seus filhos, pois eles crescem e se tornam diferentes e, como todo mundo, desenvolvem novos hábitos e definem o que gostam e também o que não gostam.
- Não encare as visitas como um longo período de diversão e jogos. É importante que tanto você como as crianças tenham uma vida normal, que inclui trabalho e brincadeiras, e que vocês também possam passar momentos sozinhos e juntos.
- Não cancele todas as suas atividades sociais durante o tempo que durar a visita das crianças. Elas precisam ver você levar uma vida interessante, que continua quando vão embora, de

maneira que não experimentem sentimentos de culpa e piedade em relação à sua solidão.

- Tire proveito de tudo que a sua comunidade ofereça em termos de atividades apropriadas para as crianças: horas na biblioteca, programas no parque ou acampamentos. Estimule seus filhos a fazerem amigos e a verem outras crianças.

Dê uma olhada nas idéias das páginas 128-130; elas também valem para este caso.

As crianças precisam lidar com a própria despedida no final da visita. Dar adeus não costuma ser fácil para ninguém. Pode haver raiva. Pode haver tristeza. Reduza a ansiedade, sendo específico sobre quando vocês se falarão e quando será a próxima visita.

——— Capítulo 7 ———

Olhando para a Estrada à Frente

O Divórcio é um Processo, Não um Acontecimento

Essa não é uma afirmação original; ela foi dita por muitos outros que escreveram sobre o tema. Vale repetir, no entanto, porque é bom lembrar como nos movemos a cada passo, desde a decisão de nos separarmos até a percepção de que estamos, finalmente, acomodados em nossa nova vida. E pode ser reconfortante dar-se conta de que não se está só. De acordo com um censo realizado em 1993, nos Estados Unidos, 26% de todas as crianças americanas (57% de negros, 32% de hispânicos e 19% de brancos) vivem – a rigor – na casa de um dos pais.

O primeiro ano é freqüentemente o mais instável, o mais caótico. A maioria dos divorciados acha o segundo ano mais fácil. Mas a vida está sempre mudando: novas rotinas são adaptadas e feitos ajustes às condições financeiras. Novas tradições aos poucos vão se instalando e as comemorações das datas especiais da família são modificadas. Há tempo para se cultivar novas amizades que não eram possíveis quando se estava casado. Cuidar dos filhos sozinho e separadamente é coisa que melhora com o tempo e a prática.

Ajustes de Longo Prazo

Na verdade, há dois períodos de ajustamento que se seguem à separação e ao divórcio. As informações apresentadas aqui se concentram mais nos interesses imediatos e nas reações das primeiras semanas, dos primeiros meses e do primeiro ano de separação, o que não significa que depois desse período os tempos serão de calmaria. Mesmo que os acordos dos pais se mantenham constantes enquanto as crianças são pequenas, terão de ser modificados na época da adolescência. Você terá de ser flexível.

A reestruturação de sua família, como o tempo e as circunstâncias, vai mudar e passará para o segundo estágio de ajustamento (e talvez, mais tarde, para um terceiro e um quarto). Cada um deles trará novas reações e interesses com os quais você terá de lidar à medida que surgirem. O tempo não vai curar todas as feridas – e, mesmo que sejam curadas, a cicatriz muitas vezes permanece. É normal que se hesite em relação ao amor e à confiança. Ninguém quer ficar vulnerável novamente. Mas geralmente nos apaixonamos de novo e a idéia é que tenhamos aprendido a proceder de uma forma um pouco mais sensata.

Tal como acontece com a solidão, a idéia é lidar com a situação e não ignorá-la. Parece que enfrentamos todas as coisas mais difíceis da vida sozinhos – do nascimento à morte, do amor à dor.

Não me importo de ficar sozinha, mas estou solitária.Porém, eu também estava solitária em meu casamento.

Mãe de dois filhos, separada há seis meses

Quando Chega Realmente a Hora

Apesar do alívio, o dia de seu divórcio não deixa de ser outro marco emocional. É difícil saber como você vai reagir até chegar a hora. Pense na idéia de convidar um amigo para ficar com você ou encontrá-lo depois para jantar fora, caso haja uma audiência com o juiz. Se foi dispensado do dia de trabalho, você pode ou não querer voltar para a empresa. Deixe suas escolhas em aberto. Algumas vezes, você não está consciente da data de seu divórcio oficial até que os papéis cheguem ou que seus advogados contatem você. Em qualquer dos casos:

- Marque a ocasião. Não a deixe escapar nem finja que não é um dia importante. Você não tem de celebrar. Talvez só jantar fora, fazer uma prece especial na hora de ir dormir ou acender velas para significar um novo começo.

CONVERSANDO SOBRE DIVÓRCIO

◈ Pense na idéia de deixar seus filhos lerem uma cópia da sentença de divórcio (sem mostrar o acordo financeiro), de forma que possam conhecer seus termos.

◈ Explique com clareza se haverá mudanças em suas vidas agora que o divórcio é definitivo.

Tive de mostrar a cópia da sentença de divórcio várias vezes para minha filha mais velha, para que entendesse por que devia ficar mais dias na casa do pai.

Rod Martel, Minnesota

Mesmo acreditando que sua união fracassou, falar sobre ela lhe proporciona uma descrição do casamento. Quando o casamento se torna parte da sua história, ele não mais será um casamento.

A Vida é o Processo de Perder Nossas Ilusões.

Em um nível prático, lembre-se de pensar na sua vontade. A guarda dos filhos e dos seus bens são agora novas considerações com que você tem de lidar separadamente, sobretudo se vai ficar com as crianças. Se isso não fez parte de sua sentença de divórcio, é hora de voltar ao seu advogado e registrar no papel. Falta de planejamento pode ocasionar novas batalhas judiciais relativas à guarda dos filhos e colocá-los no abandono por meses. Discuta seus arranjos e desejos com as partes apropriadas, de forma que, como dizem os advogados, "todos saibam quem vai levar as crianças para casa depois do funeral".

Estávamos interessados sobre como lidaríamos com a morte de um de nós. Combinamos que, enquanto as crianças fossem pequenas, teríamos uma apólice de seguro de vida que beneficiasse um ao outro, para ajudar com as despesas em caso de morte.

Anônimo

O Que Há em um Nome?

Muitas mulheres resolvem voltar a usar o nome de solteira depois do divórcio, o que pode ser feito legalmente ou ser apenas uma ação *de fato* nos Estados Unidos. No Brasil, essa ação é considerada legal somente se constar na sentença de divórcio. Essa decisão é sempre pessoal; o certo para você é o que assim o considera. Mesmo assim, como mãe das crianças, muitas vezes terá de se referir a si mesma pelo nome de casada para facilitar a identificação (a não ser que se case novamente), ainda que elimine seu nome de casada no curso normal da sua vida diária.

> *Adotei meu nome de solteira na época do divórcio, por ser uma afirmação da minha integridade pessoal. Era engraçado meus filhos perguntarem se também podiam fazer isso! Disse-lhes que achava que realmente funcionaria.*
>
> Jean Travis, Minnesota

Cuidando de Você

Depois que a papelada do divórcio estiver completa, você precisa trabalhar o seu "divórcio interior". Muitas vezes é o que dá mais trabalho. Atracar-se com a própria raiva e o sonho insatisfeito é importante. No início, a raiva tem um propósito útil: permite que você se distancie de seu ex-cônjuge. Mas a raiva contínua requer uma expressão criativa, construtiva. A vingança pode ser processada intelectualmente. Verbalizar o veneno com amigos de confiança ou com aconselhamento é importante e benéfico, mas seus filhos nunca devem ser os recipientes da sua fúria. Você só estará resolvido com suas histórias de guerra quando não mais tiver de deixar o outro saber a história real, e quando finalmente olhar seu antigo par como um bom amigo, como um estranho ou um parente distante. Algumas dicas para ajudá-lo a lidar com seu "divórcio interior":

CONVERSANDO SOBRE DIVÓRCIO

- Se ainda não o fez, comece um diário (que só será lido por você) para registrar seus sentimentos e progressos. Não se preocupe em escrever bem; apenas coloque as idéias no papel: relate a seqüência dos acontecimentos para uma referência posterior ou descreva o comportamento de seu ex-cônjuge ou a raiva que você sente. Pode ser saudável. (Esse diário poderá ser um valioso legado para seus filhos lerem quando atingirem a idade adulta.)
- Encontre outras maneiras aceitáveis de liberar a tensão e as emoções fortes. Comece a praticar um esporte ou retome algum de que você gosta.
- Cuide do seu corpo. Faça refeições regulares e balanceadas, descanse o suficiente e pratique exercícios físicos. Permita-se um novo penteado ou a possibilidade de entrar para um clube de tênis. Não deixe seu sofrimento ser uma desculpa para comer ou beber demais; quem vai se prejudicar é só você.
- Faça uma massagem, se o seu orçamento permitir. A falta de toque, se você está acostumado, pode ser muito ruim.
- Tenha mais cuidado quando estiver fazendo caminhadas e especialmente quando estiver dirigindo. Há mais probabilidades de ocorrerem acidentes quando você está preocupado ou perturbado. Pessoas divorciadas têm uma taxa mais alta de infrações de trânsito.
- Entenda que, se você não tem costume de pensar em você ou de se auto-avaliar separadamente do seu relacionamento conjugal, assumir responsabilidades pode parecer ainda mais difícil. Tenha certeza de que, com o passar do tempo, sua autoconfiança recém-encontrada vai divertir e agradar você.
- Se tem dinheiro para investir, lembre-se das palavras da jornalista Caroline Donnely, da *Money Magazine*: "Ninguém, a não ser o seu analista de investimentos, seu contador e seu cunhado, se preocupará tanto com dinheiro ou cuidará dele como você. Não existe um único investimento que seja o melhor e não há nada de errado com investimentos simples, conservadores, que não tiram seu sono. Você ganhará mais dinheiro gastando sua energia em sua carreira do que em seus investimentos e, se vive pelos próprios meios com uma margem suficientemente ampla, fazer orçamento não é necessário".

- Freqüente um grupo de apoio. Trocar experiências com pessoas que passaram por isso diminui a dor.
- Escolha um amigo ou um parente (não valem sogros) com quem você possa partilhar seus sentimentos. Sonde sua perspectiva para tomadas de decisões. Mas não o sobrecarregue e esteja preparado para retribuir o favor.
- Examine sua atitude em relação ao sexo oposto. Se você estiver amarga – e permanecer assim – provavelmente deixará uma falsa interpretação para a vida de seus filhos.
- Procure se aconselhar com alguém. Ninguém deve ou tem de "agüentar o tranco" sozinho. Se você não sentia raiva antes, garanto-lhe que o processo vai fazer com que sinta. Não retenha esse lixo emocional. Ele destruirá você.

Você Não Pode Voltar Atrás, Especialmente Se não é Aquele que Foi Embora.

A separação e o divórcio produzem grande quantidade de estresse que afeta o sistema imunológico do corpo. Nos Estados Unidos, um estudo feito pela Faculdade de Medicina da Universidade de Ohio comparou mulheres que tinham se separado dos maridos havia menos de um ano com outras que ainda estavam casadas. Exames de sangue mostraram que mulheres separadas tinham níveis mais baixos de células que resistiam a tumores e a bactérias e níveis mais altos de células que indicavam uma suscetibilidade ao vírus. (O estudo também revelou que conflitos tinham um custo para a saúde.) E que a mágoa, inclusive a do divórcio, é física e emocionalmente exaustiva. A fadiga que você sente é a maneira de o corpo expressar o estresse emocional. Trate-se com amor e ternura adicionais, especialmente quando seu corpo estiver lhe enviando sinais óbvios. Se não sabe como se alimentar, considere a idéia de falar com um terapeuta. O tempo, a reestruturação da sua vida e a busca de novas maneiras de trazer felicidade para sua vida serão portanto a melhor receita para que você fique mais saudável. E, além do acesso a ambos os pais e do final dos conflitos entre eles, o bem-estar de quem cuida das crianças muitas vezes determina seu equilíbrio.

O divórcio foi a coisa mais difícil que já fiz. Ainda que tenha sido uma escolha minha (depois de 15 anos), eu não estava preparada para o sofrimento.

Linda Wiesman, Nova Jersey

LIDANDO COM A DOR

Se pelo menos soubéssemos quanto tempo vai levar para a dor interna (que com muita freqüência é percebida como pânico) ir embora, poderíamos nos estabelecer e esperar. Mas vivemos em uma montanha-russa interna sobre a qual não temos controle. Tão logo pensamos ter domínio sobre os sentimentos, neles mergulhamos novamente. É importante sabermos (pelas vozes da experiência) que esses picos e vales se tornam menos íngremes e o caminho ficará mais suave – mas nunca está pronto em nossa agenda e sempre parece demorar mais do que gostaríamos ou do tempo que queríamos lhe dedicar. Quando a dor surgir:

- Vá fazer uma caminhada. Faça algum exercício físico.
- Ligue para um amigo.
- Ligue para um conhecido que você sabe que há possibilidade de se transformar em amigo.
- Lembre-se de que toda pessoa divorciada sentiu-se como você está se sentindo agora e conseguiu sobreviver. Ao final, isso fará parte do seu passado.
- Procure ler um trecho de algo escrito que seja inspirador. Isso realmente ajuda a relaxar, especialmente nos fins de semana e na hora de dormir.

Achei que fazer o mesmo percurso em minha caminhada diária era importante. Uma prima me disse que nadava dando voltas completas porque era importante para ela o fato de ir pelo menos até o final da piscina. Acredito que limites auto-impostos e rotina podem ser terapêuticos tanto para adultos como para crianças.

Anônimo

Falhas e Culpas

A criação dos filhos e a culpa andam juntas como geléia e biscoitos. A culpa dos pais que se segue ao divórcio é monumental – e tão fútil quanto a culpa que você sentiu na primeira vez que perdeu as estribeiras e bateu em seu filho. O divórcio soa como fracasso e essa sensação é ruim. Não acumule toda culpa e responsabilidade em você. Culpar seu ex-cônjuge é simplesmente ruim – e simplesmente inútil.

Todos os pais e mães em algum nível pensam que, por causa do fim de seu casamento, fracassaram perante os filhos. É importante reconhecer que seus sentimentos de mágoa, ira e depressão são perfeitamente normais depois de um divórcio. Faça o melhor que puder em termos de cuidar de você e das crianças, se elas ficaram com você, à medida que trabalha com seus sentimentos. Não se permita o luxo da autopiedade, porque ela normalmente se transforma em culpa, fazendo você pensar que é egoísta. O que vai funcionar é:

- Não tentar ser pai e mãe pelo fato de haver um cônjuge a menos por perto. Ser apenas pai ou mãe já está ótimo. Procure outras pessoas (amigos, parentes, professores etc.) para ajudarem a suprir as necessidades de seu filho em relação a outros adultos.
- Ter o cuidado de evitar uma inversão de papéis enquanto resolve suas velhas mágoas e começa a recolher os cacos. Alguns pais ficam especialmente inclinados a se apoiarem em filhos do sexo oposto, olhando para eles como "o homem da casa" ou "uma menina que já sabe cuidar da casa". Crianças precisam ser crianças e necessitam saber que seus pais também farão seu papel.
- Tentar lembrar que muitos comportamentos negativos que seus filhos possam estar apresentando, inclusive muitos problemas, são apenas parte de seu crescimento e não necessariamente o resultado do divórcio. Uma fase substituirá a outra, como lhe aconteceu em sua antiga vida familiar.
- Não pedir desculpas a seu filho por ter se divorciado. Seu divórcio não foi realizado com a intenção de magoá-lo.
- Aprender a tolerar a desaprovação de seus filhos em seu ambiente e impor limites. Suportar a rejeição sem outro adulto

- para lhe dar apoio é difícil, mas é o que se exige de você como pai solitário.
- Não tentar compensar as crianças pelo divórcio dedicando-se inteiramente a elas. Espera-se que você tenha o direito de viver a própria vida e, se não for assim, você corre o risco de se tornar um mártir e um pai sufocante, aborrecido e superprotetor. E isso criará outra culpa mais tarde.
- Recusar-se a ceder em muitos itens materiais ou a entrar em surtos de culpa (a síndrome do "nada é suficientemente bom para meu filho") ou a privar-se de coisas para oferecer o "melhor" para seus filhos.
- Não dizer sim aos caprichos de seu filho, pois você estará criando uma criança exigente, autocentrada, que acredita que você lhe deve compensações pelo seu divórcio.
- Ter o cuidado de não incentivar seus filhos a sentirem culpa (coisa que você conhece bem) por amarem seu ex-cônjuge e gostarem de ficar com ele. Diga-lhes que você tem planos e que estará tudo bem enquanto eles estiverem fora.
- Evitar ser supermãe ou superpai. Lembre-se de que você está fazendo o melhor que pode – que é o melhor que qualquer um de nós pode fazer.

Eu me senti tão culpada em relação ao fato de meu divórcio privar meus filhos de uma família "normal" que não fiz nada por mim mesma durante os primeiros cinco anos depois da separação. Tudo que fiz foi trabalhar para sustentá-los e ficar em casa cuidando deles. Não percebi quanto isso era ruim para eles até que se mudaram para a Califórnia para ficar com o pai e longe dessa aborrecida e martirizada mãe.

Anônima

A Culpa é o Presente Que Não Pára de Ser Dado
Erma Bombeck

E se você está experimentando a grande culpa – lamentando por ter as crianças com você (ou por ter a maior responsabilidade sobre elas) –, seja gentil com você mesmo. Todos nos pegamos uma vez ou outra tendo esse sentimento.

Legalmente eu era uma mulher só, mas não me sentia assim. Sempre tive meus dois filhos, aos quais me dedicava. Então me sentia culpada.

Lynn Gail, Massachusetts

O Pai ou a Mãe Que Trabalha

A combinação de chefe de família/dona de casa/mãe – assim como seu equivalente masculino – que muitos pais divorciados que têm guarda exclusiva dos filhos assumem é extenuante em termos físicos, emocionais e financeiros. A mudança acontece bruscamente; um pai ou uma mãe precisa assumir a maioria das responsabilidades em relação às crianças, permanentemente ou por um período, sem tempo adequado para se preparar. Homens que nunca dividiram as tarefas da casa ou as relacionadas às crianças de maneira eqüitativa – e isso significa muitos homens – acham difícil aprender como tomar conta de uma casa e lidar com as necessidades emocionais das crianças ao mesmo tempo em que lutam para ganhar a vida. (O filme *Gente Como a Gente* foi um exemplo popular da experiência de aprendizado de um homem – embora reforce o estereótipo dos homens inicialmente incompetentes.) Mulheres voltando para o mercado de trabalho, depois de muitos anos em casa ou ingressando nele pela primeira vez, sentem-se exaustas e sobrecarregadas. O principal problema para muitas delas é o dinheiro; uma queda em seu padrão de vida ocorre na maior parte das vezes.

De acordo com a psicóloga americana Faye Smith, do Smith College, o divórcio interfere no trabalho mais do que qualquer trauma na vida de uma pessoa. Durante os primeiros três meses depois que um dos cônjuges vai embora, o outro (seja ele homem ou mulher) costuma ser virtualmente incapaz de se concentrar no trabalho. Uma vez aceita a realidade do divórcio, é possível reconquistar a amplitude de atenção de alguém.

A Atitude Que Faz Diferença

Embora seja difícil:

- Recuse-se a se sentir culpado por ter de trabalhar e não peça desculpas. Vários estudos provaram que não necessariamente as crianças sofrem ou emocional ou intelectualmente por morarem com pais sozinhos que trabalham fora.
- Esteja consciente de que a própria atitude em relação ao fato de trabalhar é o fator mais forte na aceitação da situação por parte de seus filhos. Eles não vão ficar ressentidos com seu emprego se *você* não ficar; não vão sentir inveja dos amigos que têm pai ou mãe em casa se *você* não se lastimar.
- Envolva as crianças em sua atividade da maneira que for. Deixe-as visitarem você em seu local de trabalho, se possível, ou pelo menos leve-as para verem o prédio e para conhecerem algumas pessoas com quem você passa suas horas de trabalho.
- Deixe o trabalho no local de trabalho. Valorize as horas em que fica com as crianças, dando-lhes plena atenção e fazendo coisas de que gostem junto com elas.
- Informe a seus filhos de idade escolar sobre as restrições que seu trabalho vai impor à sua participação em eventos escolares. Deixe que eles selecionem as atividades a que você poderá comparecer.
- Inclua em seu orçamento algumas pequenas extravagâncias, como comer fora, ir ao cinema, fazer viagens a locais de interesse. Lembre-se de que as crianças precisam de um pai ou uma mãe, não de um Papai Noel ou de um animador cultural. Um café da manhã em um restaurante é tão divertido quanto um jantar e vai custar menos. Uma tarde em um parque de diversões pode ser mais agradável para todos do que comparecer a uma custosa produção teatral.

Vários pais se afundam no trabalho, especialmente nos dias em que não estão com as crianças. É um bom e satisfatório mecanismo de curto prazo para escapar da dor. Muitas mulheres, em especial, são forçadas a longas jornadas de trabalho devido a suas necessidades econômicas. Com freqüência, manter a perspectiva em relação ao trabalho não é fácil.

O mais difícil é quando você está em uma importante reunião de trabalho, sem poder sair, e a escola liga dizendo que seu filho está doente. Esses são os dias em que me sinto como se estivesse usando uma faixa que diz "boa profissional – mãe ruim". Isso é contrabalançado, felizmente, pelas vezes em que fico em casa com meu filho e sinto a culpa por ser "profissional ruim – boa mãe".

Susan Beatty, Connecticut

CRIANDO TEMPO ONDE ELE NÃO EXISTE

A vida continua. É preciso lavar a roupa, comprar a comida – e tudo com menos tempo do que você provavelmente tinha antes. Seu emocional fica paralisado e a terapia a qual você está indo vai limitar ainda mais seu tempo e seus recursos. Da mesma forma como aconteceu quando seus filhos eram recém-nascidos, parece que algumas coisas agora não se ajustam. Lembre-se: ninguém consegue fazer tudo, por isso:

- Defina um esquema para as tarefas e incumbências da casa, delegando às crianças o máximo que possam fazer. Deixe esse esquema suficientemente móvel para dar lugar a emergências que com certeza vão surgir. E seja flexível o bastante para jogar para cima esse cronograma, de vez em quando, e fazer algo inesperado e divertido.
- Use listas de tarefas e recados escritos como duas de suas melhores ferramentas de organização.
- Considere a possibilidade de contratar uma babá ou faxineira para diminuir suas limitações de tempo e adicionar continuidade à vida de todos.
- Tire um tempo para definir suas prioridades. Faça o que é inadiável e deixe o que é adiável para depois.

- Use o telefone ou a Internet para fazer compras sempre que for possível. Evite sair ao máximo e, quando o fizer, transforme as compras em um passeio.
- Relaxe seus padrões de exigência quanto à arrumação da casa e a cozinhar. Nesse momento, não é importante que sua casa fique imaculadamente limpa o tempo todo e que suas refeições sejam como as de um mestre-cuca. Nos Estados Unidos, um estudo feito pela Universidade de Greenville, na Carolina do Norte, descobriu que mães divorciadas passam o mesmo tempo com os filhos – e às vezes mais – do que quando estavam casadas. Como? Elas gastam menos tempo com a casa e com o lazer pessoal.
- Se o outro cônjuge fica com as crianças durante uma parte do tempo, deixe que esses sejam os dias em que você se dedica mais ao trabalho fora de casa – mas também a fase em que gasta mais tempo com você e com os amigos.
- Cultive uma amizade com outros pais/mães solitários para trocar o transporte ou outras responsabilidades ligadas ao cuidado com as crianças.

Não Podemos Tornar a Vida mais Fácil,
Só Podemos Nos Tornar Mais Fortes.

Serei sempre grata à entrevista que ouvi com certa mãe adotiva com uma casa cheia de crianças que comentou que "A vida é muito pequena para ficar polindo a baixela de prata".

Tamara Kent, Oregon

Escola, Crianças e Divórcio

Os efeitos do divórcio no comportamento e no desempenho escolar variam de criança para criança. Algumas têm uma fase realmente difícil, fracassam em termos de aprendizado, ignoram os esforços dos professores e orientadores para ajudar, recusam-se a participar de qualquer coisa não-obrigatória e perdem amigos por causa de sua beligerância ou apatia. É realmente difícil lidar com a escola quando você está sofrendo e sentindo mágoa. Outras crianças vêem a escola como uma tábua de salvação. Mergulham nos estudos, atividades e amizades como uma forma de escape. Muitas chegam mesmo a encontrar a oportunidade de conversar com os professores, orientadores e amigos sobre o divórcio como uma forma de desabafar; outras preferem deixar os assuntos familiares em casa e olhar a escola como um lugar para relaxar e esquecer deles.

Os professores vão partir do princípio de que as crianças moram com ambos os pais até serem avisados do contrário. Então, diga-lhes como está a situação e avise seu filho que está informando seu professor. Isso não significa que seu filho ficará contente. De fato, não se surpreenda se ele ficar com raiva – inicialmente – por causa da própria sensibilidade e embaraço. Ainda assim, essa atitude evita pequenos constrangimentos para o professor e para a criança durante o ano escolar. Tente perceber a personalidade do professor de seu filho. Nem todos serão simpáticos. Se necessário, escolha um orientador, babá, secretária ou qualquer pessoa que esteja mais disposta a ajudar seu filho. Quanto antes você fizer isso, melhor.

Filhos do Divórcio na Sala de Aula

A boa notícia é que hoje em dia uma criança filha do divórcio em uma sala de aula não é uma aberração. Ela seguramente tem muitos companheiros na mesma situação. Não é incomum encontrar de 40% a 50% de crianças em uma classe que tenham experimentado o divórcio nas famílias. Portanto, não há pressão dos alunos nem preconceito. Não obstante, as crianças podem se sentir constrangidas, isoladas e embaraçadas. Muitas vezes também há más notícias no começo. As crianças, é claro, estão perturbadas pelo trauma do divórcio na família. Suas vidas estão modificadas e há boas chances de surgirem alguns problemas iniciais na escola, assim como em casa. Um estudo de 1986, realizado nos Estados Unidos pelo Dr. John Guidubaldi, na Kent State University, descobriu que a falta de estrutura em casa e os medos sobre a segurança financeira são vistos como as razões principais pelas quais os filhos do divórcio têm mais problemas na escola do que as outras crianças. O estresse do lar normalmente afeta a capacidade das crianças de se concentrarem. Elas podem devanear, tornar-se desatentas e ter problemas em completar tarefas. Pais atentos a sinais de perturbação podem muitas vezes ajudá-las a fazer um rápido ajustamento à vida na escola por meio de discussões, de mudanças no comportamento relativo à sua educação ou de ajuda profissional.

Em geral, crianças em famílias de um pai/mãe sólitário não vão tão bem na escola quanto crianças de famílias comuns. Mas outros estudos mostraram que crianças de pais divorciados não necessariamente têm problemas persistentes na escola, embora, por alguma razão, os meninos sejam classificados como "de baixo desempenho" em relação aos de famílias comuns. Mães que se preocupam com o retorno ao trabalho encontrarão conforto em saber que crianças pequenas que têm de ficar sozinhas porque o pai/mãe trabalha fora se dão melhor em termos de rendimento escolar e muitas vezes se tornam mais independentes e despachadas.

OS DIREITOS DO PAI OU DA MÃE QUE NÃO VIVE COM O FILHO

Para muitos pais e mães, a linha de comunicação com a escola é restrita pela separação. Um dos pais não mais tem acesso automático à vida escolar da criança. Mesmo em arranjos abertos de criação dos filhos, há normalmente uma falha de informação, de forma que um dos pais fica à mercê da lembrança da criança ou da boa vontade do outro cônjuge.

Para ajudar a eliminar a pressão sobre a criança, faça o seguinte:

- Converse com ela sobre as decisões relativas à escola imediatamente, para evitar estabelecer um padrão de não-envolvimento.
- Peça que notícias da escola, cartas, boletins e outras informações rotineiras sejam enviadas por correio para os dois.
- Assegure-se de que a escola tenha os números de telefone e endereços (do trabalho e da casa) dos pais em seus arquivos. Os telefones de ambos devem também ser inclusos na ficha do aluno, ainda que você queira que nela conste apenas um endereço.

- Lembre-se de incluir amostras dos trabalhos escolares de seu filho quando ele for para a casa do ex-cônjuge.
- Incentive seu filho a partilhar as boas notícias da escola com o seu ex-cônjuge por telefone.
- Faça com que o momento de o outro cônjuge vir buscar ou trazer a criança cause o mínimo distúrbio possível. Os professores notaram que as segundas e sextas-feiras, quando as trocas de residências estão prestes a ocorrer ou acabaram de acontecer, costumam ser os dias mais difíceis para algumas crianças.
- Nas festinhas de formatura, a idéia é fazer concessões ou, se você não tolera a companhia de seu cônjuge, buscar assentos separados.

REUNIÕES DA ESCOLA

Façam todo o esforço para comparecer às reuniões de pais e mestres – seja juntos, seja separados. Os professores muitas vezes podem achar tempo para uma reunião extra se os pais se sentirem muito desconfortáveis juntos. Peça uma mudança de horário se for impossível naquele determinado pela escola. Não hesite em solicitar reuniões extras sempre que achar necessário. Mesmo em meio a seu sofrimento, você poderá se surpreender ao ver como é bom conversar com uma terceira pessoa sobre seu filho maravilhoso. Assuntos de relacionamento e dinheiro podem ser colocados de lado e você e seu ex-cônjuge podem curtir a coisa boa (seus filhos) que têm em comum. Defina a escola como um território neutro. Não transforme uma casa aberta em um local de confronto.

Tentamos uma reunião compartilhada e foi um desastre. Na vez seguinte, o professor nos ofereceu reuniões separadas e foi útil e benéfico também para nosso filho.

Karyn Herrmann, Minnesota

Nossa reunião conjunta funcionou bem. Usamos também essa ocasião para informar alguns dos professores sobre o divórcio.

Toni Richardson, Minnesota

Assegure-se de que seu filho entenda que, embora as reuniões conjuntas sejam responsabilidade dos adultos e relativas à sua criação, elas são apenas isso. As crianças que têm fantasias de reconciliação muitas vezes "agem" na escola, sabendo que o Papai e a Mamãe responderão indo juntos até lá.

É função dos pais fornecer os detalhes que permitirão ao pessoal da escola executar da melhor forma seu trabalho. As reuniões são o lugar para abastecer os professores de informações, caso você já não o tenha feito. Você não quer deixar os professores em má situação quando disserem "Peça para seu pai", que pode estar morando a 1.000 quilômetros de distância, ou quando se referirem incorretamente a um padrasto. Mantenha escola informada.

- Peça para ser contatado sobre problemas ou mudanças de comportamento.
- Verifique se a escola tem serviço de aconselhamento.
- Informe o professor quando seu ex-cônjuge deve ser contatado.
- Avise os professores sobre seu esquema geral de guarda de seu filho, de modo que possam entender quaisquer falhas que eventualmente ocorram.

Independentemente de seus arranjos de criação haverá atividades depois da escola para as quais seu filho exigirá a presença dos dois, como jogos de futebol, basquete, peças de teatro encenadas pela classe. Os primeiros tempos são os mais difíceis, mas todo mundo logo vai se acostumar a ver vocês *(a)* conversando um com o outro nesses eventos, *(b)* não conversando um com o outro nesses eventos, *(c)* sentando-se juntos, *(d)* sentando-se ou ficando de pé em lados opostos do campo, *(e)* trazendo junto uma nova namorada ou namorado, *(f)* nunca trazendo junto uma nova namorada ou namorado ou *(g)* alternando-se de modo que nunca apareçam juntos nos mesmos eventos. Não importa quais dessas opções escolha, é importante que você apareça, pelo bem de seu filho. Às vezes é difícil, mas vai ficando mais fácil se você se esforça nesse sentido.

Não acredito que você venha a perder o "radar" que lhe permite perceber seu ex-cônjuge em um campo com 500 pais. Mas seu filho vai lembrar sua ausência (de qualquer dos pais) se não aparecer. Da mesma forma, essas mesmas crianças nem sempre se lembram das vezes em que você apareceu. (Lamento, mas a vida é assim mesmo...)

AJUSTES FAMILIARES

Entre os ajustes mais importantes e mais difíceis que um pai divorciado precisa fazer estão os que se referem a seus relacionamentos pessoais. Primeiro, naturalmente, estão os relacionados às crianças. Então, há o antigo companheiro ou companheira – que é o outro pai ou mãe das crianças. Você sempre estará ligado a seu ex-cônjuge por meio dos filhos. Quanto melhor conseguir conduzir um novo tipo de parceria, mais as crianças vão se beneficiar.

Depois, há os avós. Da mesma forma que têm direito a ter dois pais, seus filhos têm direito a duas duplas de avós, se estão vivos e se não há uma razão real para serem evitados. (Muitos avós sentem que também têm direito em relação aos netos, não importam as circunstâncias em que ocorreu o divórcio. Atualmente, estão começando a expressar com veemência esse sentimento.) Outros membros da família também têm de ser considerados – irmãos, primos, tios, de ambos os lados da família. Se você tinha proximidade com todos eles e os via muito, com certeza haverá certo embaraço ou problemas reais durante e depois do divórcio. Na melhor das hipóteses, as grandes reuniões nos feriados provavelmente vão acabar e sua estreita amizade com seus sogros ou cunhados ficará prejudicada. Infelizmente, os dois lados da família muitas vezes racham ao meio, cada um ficando do lado "do seu". A resposta para muitos pais e mães divorciados é encontrar ou criar uma família estendida, um grupo de apoio formado pelos velhos e/ou novos amigos que partilham alguns dos mesmos tipos de experiências e estão disponíveis para ajudar em emergências.

> *Tínhamos dois primos que se casaram. Quando se divorciaram, a família foi dividida, à medida que cada pessoa tomou o partido de um deles.*
>
> *Anônimo*

Todas as famílias de pais sozinhos não vêm em apenas um sabor suave. Existe a mesma variedade que nas famílias em que os pais estão juntos.

Ellen Goodman, The Boston Globe

Os Avós do Seu Lado e os Avós do Lado do "Outro" Cônjuge

O divórcio altera de forma tão drástica e rápida o papel dos avós que eles naturalmente terão de fazer os próprios ajustes. Por vezes, sua ajuda é solicitada para auxílio financeiro, para fornecer abrigo em suas casas, para tomar conta das crianças de vez em quando e se espera que dêem conselhos apenas quando forem solicitados. Os netos podem desaparecer de suas vidas ou tentar dominá-las. O divórcio não é apenas seu – é o deles também. Eles não escolheram se divorciar dos netos, portanto você precisa cuidar para que isso não aconteça.

Os avós dão às crianças um sentido de continuidade e a sensação de pertencerem a uma família maior e mais interessante. Eles costumam estar disponíveis para amar uma criança e ouvi-la e as crianças costumam achar mais fácil se abrir com eles do que com os pais. Os mais velhos também podem suprir a falta de um pai ausente, dando a ele a bênção de ter um tempo livre sem ter de se preocupar. Naturalmente, nem todos os avós se encaixam nesse padrão ideal. Mesmo seus pais podem desapontar você, negando-lhe apoio ou ficando do lado de seu cônjuge. Ou, com as melhores intenções do mundo, podem começar a tratá-lo como uma criança e tentar assumir alguma das suas responsabilidades. Seus sogros podem se alinhar totalmente com o próprio filho ou preferir não assumir nenhum partido exceto o dos netos. Alguns avós podem lutar pelos seus direitos. Mesmo no caso de uma guarda exclusiva dos filhos ou de lealdades conflitantes, podem ignorar seus filhos, a não ser que você incentive um relacionamento.

Suas relações com os pais de seu ex-cônjuge vão mudar, o que não significa que mudarão para pior ou para melhor, mas que serão diferentes, de certo modo. A forma que essa diferença vai assumir só se definirá com o tempo. Os avós ficam inseguros quanto a seu papel depois do divórcio. A opção deles de permanecerem neutros pode soar como falta de cuidado em relação a você, mas na maior parte das vezes é a melhor alternativa que eles têm. Para manter os laços familiares intactos é importante:

- Lidar com seus pais da maneira mais lógica e com o máximo de compaixão possível. Se deram apoio e ajuda anteriormente e parecem não os dar agora, provavelmente voltarão a fazê-lo quando tiverem percebido que o divórcio é real e que você ainda os ama e precisa deles. Os avós têm de lidar com o próprio constrangimento e sentimento de perda. Dê-lhes tempo para lidarem com suas emoções e desapontamentos. Lembre-se: eles não foram consultados sobre seu divórcio.
- Dê o primeiro passo – e o segundo, se for necessário – no sentido de conservar seus sogros na vida de seus filhos ou mesmo na sua. O pior que pode acontecer é você ser rechaçado, e, nesse caso, você pelo menos terá tentado. Faça um esforço extra se quer continuar o relacionamento com os ex-sogros pelo bem das crianças e tente novamente depois de um período de acomodação de algumas semanas ou meses. O tempo cura; as circunstâncias mudam.
- Não se permita sentir-se culpado se a hostilidade continua e o relacionamento se finda por completo. Na verdade, isso pode ser o melhor a longo prazo. Ao final, as crianças vão perceber isso, ainda que as magoe de início.
- Não use os avós (especialmente os seus sogros) como confidentes. Mantenha-os fora do seu divórcio.
- Seja sensível às necessidades, aos desejos e às limitações dos avós quando se tratar dos cuidados com as crianças.
- Nunca ameace afastar as crianças dos avós; essa atitude só vai exacerbar os ânimos desnecessariamente.

As crianças podem se ver envolvidas nos problemas de relacionamentos entre pais e avós da mesma forma como ocorre nos problemas entre o pai e a mãe. Meça suas palavras.

Pais/Mães Solitários e as Datas Especiais

Quanto mais sua família era ligada às datas especiais e quanto mais elaboradas eram suas preparações para elas, mais difícil será quebrar as tradições e fazer mudanças drásticas. A não ser que seu ex-cônjuge tenha se afastado totalmente da família, sem dúvida passará algumas datas especiais com as crianças e você ficará só, em algumas delas. Planeje esses dias com o mesmo cuidado que os planeja quando as crianças ficam com você. Tente torná-los o mais diferente possível de como eram antigamente: visite amigos em outra cidade ou viaje de carona com outra pessoa sozinha, faça algo que nunca fez antes. Pense, por exemplo, em realizar um trabalho comunitário.

Os primeiros feriados com sua nova estrutura familiar são os mais difíceis, não importa se seu filho está com você ou com seu ex-cônjuge. Essa é a má notícia. A boa é que só há uma primeira vez para cada data especial. Você vai sobreviver a todas, e tudo vai melhorar, ano a ano, sucessivamente. É um pequeno consolo, eu sei. Transformar o limão em limonada exige um pouco de planejamento e esforço. Não carregue o fardo sozinho; partilhe seus sentimentos com as crianças se elas forem crescidas o suficiente e deixe que ajudem você a elaborar seus planos. E se elas sentirem a própria tristeza, deixe que expressem esses sentimentos, pois elas são normais.

Os Filhos Muitas Vezes Sentem a Intensa Dor de Não Poderem Passar as Datas Especiais com Ambos os Pais.

Dividindo as Datas Especiais

Considere todas as possibilidades antes de definir a divisão das datas especiais que melhor funciona para você. É lógico que as crianças passem o Dia das Mães com a mãe e o Dia dos Pais com o pai, e os aniversários com cada um. Mas há outros feriados para pensar a respeito, assim como o Natal e a Páscoa, no caso dos cristãos. Alguns pais divorciados os alternam todo ano, outros dividem os mais importan-

OLHANDO PARA A ESTRADA À FRENTE

tes, mudando até mesmo essa divisão todo ano. Tenha em mente que, para uma data como o Natal, aguardar "até o ano que vem" para passar com a Mamãe ou com o Papai é espera muito longa para as crianças. Em algumas famílias, funciona melhor se passam alguns feriados religiosos com o pai ou a mãe que está mais envolvido com a igreja.

Examine suas tradições relativas a datas especiais. Você pode descobrir que continuou fazendo coisas de que não gosta apenas porque sempre as fez. Agora é uma época boa para realizar mudanças:

- Tome decisões sobre "quem fica com quem" e "quem vai para onde" com a maior antecedência possível e comunique às crianças, a fim de que saibam o que vão fazer. Peça opiniões aos adolescentes, tendo em mente que eles podem querer passar algum tempo do feriado com amigos – sem nenhum dos pais. Um cronograma bem planejado é especialmente importante no primeiro ano.
- Celebre a véspera do feriado em uma casa e o dia do feriado em outra. As crianças costumam gostar disso porque conseguem o dobro de diversão no feriado, e compensam o que perdem em termos de unidade da família.
- Considere a idéia de separar as crianças de modo que possam passar o feriado sozinhas com um dos pais. Você pode trocar no meio do feriado (se a proximidade permitir), para que cada criança possa passar algum tempo com ambos os pais. Nós, com freqüência, colocamos o peso da reunião da família sobre os ombros dos filhos, ao admitirmos que, se estão juntos nos feriados, então pelo menos uma parte da família está "intacta", mas eles muitas vezes gostam de estar sozinhos. Separá-los é também uma forma de assegurar que nenhum dos pais ficará sozinho.

As crianças gostam de ver os pais reunidos em ocasiões familiares se eles se sentem confortáveis o bastante para ficarem na presença um do outro e se não estão alimentando fantasias de reconciliação. Talvez o "presente" da reunião ocasional possa funcionar para sua família mais facilmente quando a celebração tem a ver com a criança, como acontece nos aniversários. Se seu ex-cônjuge está vindo para uma refeição familiar, faça um jantar americano, para evitar o constrangimento de saber quem vai sentar na cabeceira da mesa, ou saia para comer fora em um terreno neutro.

Tive uma manhã de Natal sem as meninas e fiquei extremamente deprimida. A família dele celebra o Natal na véspera e, desde então, isso nunca tinha acontecido. Não me importo quando elas vão embora no dia de Natal ou em qualquer outro dia de festa, mas não gosto de acordar na manhã de Natal ou na manhã de Páscoa sem elas. Se fosse qualquer outro dia, tudo bem.

Margaret Leduc, Michigan

TRADIÇÕES DAS DATAS ESPECIAIS

- Comece novas tradições. Deixe seus filhos ajudarem você a ter novas idéias. Será cantarolar? Visitar os avós ou amigos em um asilo? Se você sempre abriu os presentes no dia de Natal, neste ano abra-os na véspera. A coisa mais bonita sobre o "novo" é que ele não tem de significar "menos" ou "prejudicado".
- Discuta as celebrações passadas e as tradições com as crianças se elas quiserem fazer isso. O reconhecimento dessas lembranças serve para validar um sentimento na criança de que é normal ter saudades dos tempos antigos ou lamentá-los. Manter algumas tradições e talvez modificá-las ligeiramente pode gerar um sentimento de continuidade e conforto.
- Mude o cenário, se puder. Passe o feriado em algum lugar onde nunca esteve – especialmente se não vai ter as crianças com você durante todo o tempo. Mas tente ir para um lugar onde você não vai ficar só, pois pode ser deprimente. Tente encontrar um amigo ou parente que você possa visitar ou com quem possa viajar.
- Se você não pode ir longe, pelo menos saia para comer e ir ao cinema ou faça algo de que você gosta. Por acaso, você já quis assistir a uma boa peça de teatro, mas não teve oportunidade? Faça-o agora! Mas também nesse caso não vá sozinho, se puder evitar.

- Entre em acordo com seu ex-cônjuge, se possível, sobre a escolha dos presentes. As crianças podem ficar contentes com dois presentes iguais, mas talvez você não fique.
- Incentive seus filhos a ligarem para seu ex-cônjuge.

Decidi que iríamos começar uma tradição de fazer biscoitos juntos para o Natal. Christopher ficou falando durante semanas sobre como tinha sido divertido.

Karyn Herrmann, Minnesota

ORIENTAÇÕES E ALTERNATIVAS PARA AS DATAS ESPECIAIS

- Seja cauteloso quanto a proporcionar às crianças mais excitação do que elas estão acostumadas (especialmente as mais novas). "Duas atividades" podem tornar as coisas equilibradas, mas também pode ser exaustivo. Alguns pais acham, no entanto, que isso compensa a "injustiça" que as crianças têm de suportar em um divórcio e se torna uma das "vantagens".
- Seja sensível quanto a visitar os avós, mas não chegue ao extremo de fazer tudo o que as pessoas querem e não satisfazer às próprias necessidades.
- Não deixe que a competição sobre visitas em datas especiais se torne um fardo excessivo para agradar a um dos pais, seja agora, seja no futuro.
- Forme um grupo de apoio. Com apenas um pouquinho de sorte, você pode encontrar outro pai solitário, cujos filhos se compatibilizem com os seus e partilhem refeições e celebrações. Se você vai ficar só, convide outros pais solitários para participarem da refeição da data especial ou passarem o dia juntos.
- Participe de atividades em sua igreja; se você não freqüenta nenhuma, pense sobre fazer parte de uma. Não tenha medo de substituir seus antigos laços familiares pela ligação com uma comunidade religiosa – não há nada de hipócrita nisso.

- Não se sinta culpado de não fornecer às crianças tudo que elas pedem. Elas não precisam. Um – ou talvez dois – item especial não será perdido na confusão.
- Não peça desculpas por fazer grandes mudanças nos hábitos relativos a dar presentes e às celebrações, se as finanças estiverem apertadas. Uma discussão honesta sobre a quantidade de recursos disponíveis vai mostrar à criança que o problema é dinheiro e não amor. Você descobrirá que as crianças gostam de inventar presentes e vai criar tradições menos materialistas.
- Acima de tudo, seja bom com você mesmo. Passe um tempo com seus filhos, talvez mais do que você costuma passar, mas reserve um pouco de tempo e energia para seus hobbies, atividades e amigos. Os feriados são para todos – inclusive para você.

Seja tolerante com o fato de seu ex-cônjuge ser exagerado em relação aos presentes. Um parente que não mora com os filhos muitas vezes vai querer marcar pontos com as crianças. Não interprete essa situação como algo diretamente contra você. Não se permita ser competitivo nem diminua seu valor se tem menos condições – ou mesmo não tem vontade – de dar presentes caros.

PREPARANDO PARA VISITAS A GRANDES DISTÂNCIAS EM DATAS ESPECIAIS

Os feriados são ocasiões em que freqüentemente os filhos fazem visitas demoradas à casa do pai ou da mãe que não mora com eles. Muitas vezes o pai/a mãe e a criança desenvolvem a fantasia de uma visita perfeita, que é difícil de atingir. É uma boa idéia entrar num ritmo relaxado em uma visita de feriado ou data especial, em vez de ficar tentando realizar a atividade de um ano inteiro em uma ou duas semanas. Para as crianças pode ser um período de ansiedade e ambivalência. Elas se perguntam se vão se ajustar, se serão bem-vindas e como será estar longe de sua casa. Se houver novos membros da "família", como cada um vai se comportar?

Pode ser que você queira fazer algumas experiências de dormir fora com seu filho que não está acostumado a isso. Experimente com um amigo que more perto ou na casa de um parente.

Muitas vezes, os pais também podem reduzir a tensão anterior à visita, tomando as seguintes providências:

- Seja específico quanto a datas e planos de viagem, lembrando-se de comprar as passagens com antecedência.
- Envolva-se de maneira positiva com os preparativos da visita e estimule seu cônjuge a também fazê-lo.
- Ajude seu filho a escolher alguns de seus pertences familiares favoritos, de brinquedos e bichos de pelúcia a livros, para levar nas visitas.
- Discuta e planeje as ligações telefônicas. Ligar para casa não deve ser um motivo para a criança achar que não está sendo leal com um dos pais. O pai ou a mãe que está sendo visitado não deve ver o desejo de uma criança de saber como estão as coisas como um sinal de competição ou de que ela está infeliz com a visita.
- Prepare um espaço exclusivo para a criança, de forma que ela tenha um cantinho pessoal.
- Discuta as regras da casa e as expectativas, que podem ser diferentes da casa onde ela mora.
- Preparar uma refeição de férias, se você é o pai ou a mãe que não mora com a criança, pode dar mais trabalho do que você imagina. Peça o apoio e a ajuda de seus filhos no planejamento e na preparação da refeição.
- Mande as crianças de volta com roupas limpas e algumas coisas novas para que se lembrem de você.

Na hora de se despedir, lembre-se de que um longo abraço de adeus, votos de uma boa estada e de uma boa viagem e o ato de reafirmar seu amor – em vez de uma despedida chorosa e amarga – são o que as crianças precisam, não importa qual casa elas estejam deixando.

Uma jovem de 22 anos, cujos pais se divorciaram quando tinha 6 anos, disse-me que chorou aliviada quando finalmente passou um

Natal com a família de um amigo. Era o primeiro Natal em dezeseis anos que não incluía um planejamento de viagem, porque cada um dos pais a "amava" tanto que queria passar pelo menos uma parte de todo Natal com ela.

Anônimo

ANIVERSÁRIOS

Dê atenção carinhosa aos planos do aniversário das crianças; é um dia muito especial para elas. Pode ser uma comemoração que os pais acham que devem partilhar juntos. Se um dos pais faz a festa, o outro pode ser o convidado ou pelo menos dar uma passada. Se você tem certeza de que isso não vai funcionar, considere a possibilidade de alternar o local da festa todo ano, deixando que seu ex-cônjuge faça alguma coisa especial.

OS PRESENTES

Poucas coisas são tão difíceis de lidar quanto ver seu filho levando um presente que você lhe deu para a casa de seu ex-cônjuge. É importante morder a língua nessas situações. O fato de as crianças poderem transportar suas coisas livremente de uma casa para a outra é um sinal positivo de que se sentem bem nas duas casas. Não deprecie esse gesto. Se você não mora com a criança, dê presentes que durem para que possa ser lembrado por ela. Isso não significa que devam ser extravagantes. De fato, não é uma boa idéia assumir o papel de pai ou mãe que gosta de gastar. Presentes caros e sofisticados não são bons para as crianças, pois acendem a chama do descontentamento no coração de seu ex-cônjuge, que pode não ter condições de dar algo de valor equivalente. Em vez disso, tente:

- Dar uma assinatura de uma revista de que a criança goste, como forma de estabelecer uma "conexão" mensal.

- Enviar flores pelo aniversário ou para marcar uma ocasião especial. Isso funciona com garotas de qualquer idade.
- Se você está em um dilema sobre o que dar, pergunte a seu filho ou ao seu ex-cônjuge.
- Se você quer dar um presente caro, envolva seu ex-cônjuge na decisão. Isso vai diminuir a hostilidade e a competição.

Dê presentes quando eles forem oportunos. Dá-los no tempo certo é muito importante, pois se for dado um mês depois sinaliza a seu filho que ele não significa o suficiente para você. E não dê presentes caros aos adolescentes se você não lhes forneceu o sustento básico para outras coisas que são importantes para eles; isso só gera hostilidade.

Uma amiga contou que seu filho, que estava na faculdade, perguntou ao pai se ele se importaria de receber de volta o conjunto de canetas que lhe dera no Natal e lhe dar um cheque no mesmo valor, pois precisava para o aluguel. O pai concordou, pegou de volta o conjunto de canetas, mas não lhe enviou o cheque.

Anônimo

DIA DAS MÃES E DIA DOS PAIS

Certos dias do ano podem ser especialmente dolorosos para pais divorciados, mas o são muito mais para os que não moram com os filhos. Para o pai, que costuma estar com mais freqüência nessa situação, o Dia dos Pais pode ser especialmente difícil. Mesmo que passe o dia com as crianças, ele é lembrado que não desempenha mais o mesmo papel de antes na sua vida. Considerando-se que esses dias eram antes vistos como uma festa familiar, a mãe no Dia dos Pais e o pai no Dia das Mães ficarão na própria casa. Se você não pensou nisso com antecedência e não fez planos, pode ser um dia muito triste quando você é o "outro" cônjuge. Será bom se tiver seus pais por perto para passar com eles esse dia.

Enviei flores para minha mulher no Dia das Mães seis meses depois de termos nos separado. Apesar de ela ter dado início ao divórcio e de eu ainda estar lidando com a sua dor decorrente, quis mostrar a ela minha gratidão por ser a mãe dos nossos filhos. E ela é uma mãe maravilhosa para eles. Ela ficou emocionada e eu fiquei feliz de ter feito isso.

Walt Tornow, Minnesota

Convidei todas as mulheres sós e divorciadas que conhecia para virem a minha casa no primeiro Dia dos Pais que passei sozinha — um dia que eu sabia que muitas delas também ficariam sozinhas. Foi maravilhoso. Tivemos uma conversa descompromissada sobre nosso estado emocional e nossos interesses. Aquela festa foi a base para um grupo que se encontrou mensalmente por mais de um ano. Chamamo-nos de FMD (Fabulosas Mulheres Divorciadas), pois era isso que nós éramos! À medida que nossas necessidades se dissiparam e nos fortalecemos, passamos a nos reunir com menos freqüência. O grupo resultou em fortes amizades e muito apoio mútuo. Ainda temos um encontro anual no Dia dos Pais.

Janie Jasin, Minnesota

OCASIÕES ESPECIAIS EM QUE A FAMÍLIA DEVE ESTAR UNIDA

Há muitos momentos felizes em família que deveriam permanecer aproveitáveis. Às vezes, a ocasião aparece logo após a separação e o divórcio, em outras vem apenas no futuro. Agora, considerações especiais, que nunca faríamos antes do divórcio, se fazem necessárias. Ocasiões como formaturas, casamentos etc sempre são beneficiadas com a cooperação do pai e da mãe. Essas ocasiões já não eram fáceis de planejar quando estavam todos juntos. Agora, há conflitos e considerações adicionais. Entretanto, espadas devem se transformar em arados.

A cooperação financeira varia muito de família para família. O "justo" vai ser definido de forma diferente pelo pai ou pela mãe.

As ocasiões especiais são uma despesa que não está prevista no dinheiro da pensão. Mesmo se um dos pais acaba bancando a maior parte ou até todas as despesas das festividades, tenha em mente que o problema é que os planos podem ser feitos de maneira a pagar necessidades, gostos e lista de convidados do cônjuge que está pagando. No entanto, um dos pais não deve sobressair nesses momentos por que o filho vai sentir a falta do outro. Peça idéias a seu filho ao planejar e tente fazer a vontade dele, mesmo que para isso sejam necessárias muitas restrições de sua parte. Acima de tudo, esse é um dia que deve ser de boas lembranças para ele.

Se nenhum dos pais se casou novamente, vocês podem conversar sobre não convidar outra pessoa com quem estejam saindo. Inevitavelmente, um dos adultos – senão ambos – vai esperar essa ocasião com um grande nó em seu respectivo estômago. Ninguém mais (exceto outra pessoa divorciada) sabe o que é isso. Abordar seu ex-cônjuge com algumas palavras amigáveis realmente ajuda a deixar todos na sala mais à vontade e vale a pena praticar. (Você pode se parabenizar por essa!) Se um dos pais está atualmente separado e o outro não, há ainda motivos para evitar os sentimentos desconfortáveis que podem surgir.

Geralmente, é muito mais agradável para a criança comemorar a ocasião apenas com seus pais. E mesmo que um deles tenha se casado ou tenha planos de se casar novamente, não há nada de errado em que compareça desacompanhado, se esse fato reduzir a tensão nesse dia especial. No caso dos pais que se divorciaram *por causa* de outra pessoa, o sentimento gerado no ambiente será diferente do originado pela situação de pais que se envolveram com outra pessoa muitos anos após o divórcio. É óbvio que cada família vai lidar com isso da própria maneira, mas é importante saber que há muitas formas – e não apenas uma – de comemorar esses eventos. Laços da primeira família não desaparecem simplesmente por que ocorreu um divórcio. Não vale a pena colocá-los em xeque por causa de quaisquer novas ligações conjugais. Lembre-se:

- Os convites podem vir assinados pelo filho para evitar o problema de escolher entre o nome do pai ou da mãe.
- Você realmente não tem de fazer nada que não quiser – apesar das tradições. Você nunca vai agradar a todos. Quando planejar o evento, tenha a certeza de ser um dos que serão agradados.

- Se não consegue deixar de ser agressivo com seu ex-cônjuge, pelo menos finja! Fingir, no caso, é o melhor. Isso não significa que vocês devem conversar ou até mesmo curtir a companhia um do outro. Apenas seja educado.

- Discuta todas as questões religiosas sempre com a participação de um membro do clero. Alguns podem ter aquele desejo de "grande família feliz". Se você não se sente à vontade com as sugestões dele, talvez possa querer conversar com alguém não tão próximo à situação para obter outro ponto de vista.

- Se seu planejamento requer a ajuda de outra pessoa, fixe prazos. ("Se eu não tiver uma resposta sua até quinta-feira, pedirei apenas xis convites para as pessoas que você quiser convidar" é melhor do que dizer: "Espero um retorno seu".) Simplifique. Quanto menos você fizer, menos problemas terá.

A outra família entrou com suas câmeras dentro do santuário e tirou fotos. Isso me deixou louco, mas tive de esquecer meus sentimentos de raiva. Se eles eram inadequados em seu comportamento, isso não se refletia em mim. Eu não podia ser culpado e ninguém poderia dizer que eu era – não importa quanto parecesse que eu fosse.

Terri Newman, Minnesota

A Ida para o Acampamento Quando a Criança Está com o Pai ou a Mãe

O envio dos filhos para um acampamento nas férias de verão é uma escolha para muitos pais/mães solitários. Esteja certo de que o diretor do acampamento sabe lidar com uma criança de pais divorciados.

Crianças pequenas muitas vezes têm inquietações irracionais a respeito do desaparecimento de seus pais. Um contato extra é importante. Escreva mais, ligue regularmente e esteja lá no dia de visita.

Pais que tenham esclarecido todos os outros obstáculos acham que devem comunicar sobre a possibilidade de partilhar os dias de visita no acampamento, quando na verdade não deveriam fazê-lo. Esses são dias específicos e, se você tem de viajar para outra cidade, as opções para evitar um ao outro são limitadas. Mas os pais muitas vezes esquecem que dias de visita são difíceis para as crianças – e talvez ainda mais para os pais. Seja sensível às reações de seus filhos:

- Não cumprimente seus filhos lado a lado com seu ex-cônjuge. Você não deve deixar a criança na condição de ter de escolher a quem ela vai abraçar primeiro.
- Preste atenção em seu ex-cônjuge, que pode estar filmando e não querer que você apareça na fita.

Eu sabia que ele detestava acordar cedinho, então cheguei e fui embora cedo. Ele chegou mais tarde e foi embora mais tarde.

Jill Saunders, Flórida

Acampamentos vizinhos de meninos e meninas muitas vezes permitem que pais divorciados visitem cada criança sozinhos, alternando o sábado e o domingo daquele fim de semana. O cônjuge do mesmo sexo que a criança (ou seja, mãe/filha e pai/filho) vai ter uma situação especial no acampamento, porque esse pai ou essa mãe poderá estar no beliche a qualquer hora. Muitos acampamentos distantes só têm um bom hotel na região. Só você poderá decidir se o conforto vai valer a proximidade com sua ex-cônjuge. Da mesma forma, quando fizer uma reserva aérea, você pode sempre checar a de seu ex-cônjuge telefonando (e agindo no interesse dele) para confirmá-la e então decidir que vôo gostaria de pegar. Seja criativo. Seu objetivo é fazer seu filho sentir-se amado sem amarrotar as plumas desnecessariamente.

NAMORO, SEXO E O PAI/MÃE SOLITÁRIO

À medida que a maioria dos adultos divorciados retoma sua vida social, os namoros passam a fazer parte do cenário. Essa é provavelmente uma das coisas a que as crianças têm mais dificuldade para se acostumar (E também não é fácil para você!) A reação normal de uma criança ao primeiro namoro do pai ou da mãe é negativa. Alguns pais e mães divorciados que enfrentaram a tempestade dizem: "Procure ter certeza de que o primeiro namorado que você traz para a casa seja alguém com quem você está tendo uma relação sem grande importância e não alguém com quem está tendo um namoro *sério*. As crianças nunca gostam do *primeiro*".

O fato de você começar a namorar ameaça o mundo da criança. Ela pode ver seus namoros como uma competição pelo seu amor e atenção e como uma rejeição pelo outro cônjuge, agora ausente. Suas fantasias de reconciliação serão prejudicadas; e a perda da sua atenção pode reavivar medos de abandono. Cuidado para não ficar achando que o fato de encontrar uma nova companheira vai tornar sua família "completa" novamente. Um casamento com essa intenção vai trazer mais vazios do que plenitude. Esteja consciente, também, de que os filhos costumam aceitar mais os namoros do pai que os da mãe. É difícil dizer se isso é uma reação machista ou se ocorre simplesmente porque agora a mãe, mais do que nunca, é quem cuida dos filhos e espera-se que ela mantenha essa situação.

Relacionar-se com outras pessoas junto de seus filhos é uma boa forma de abordar a situação. Comece se relacionando com outras famílias, o que realmente não é difícil. Convide todos os pais e mães solitários e seus filhos para um encontro, como um churrasco, por exemplo. Relacionar-se com outras pessoas acompanhado por seus filhos elimina a pressão de encontrar "alguém" porque você pode sempre curtir ficar com eles. Se você acha que não conhece muitas pessoas nessa categoria, simplesmente deixe que os amigos convidem outros amigos ou conhecidos. Sua rede precisa apenas de um empurrãozinho.

Encontrando Outros Pais e Mães Solitários

Existem amigos, anúncios pessoais, sites na Internet e clubes, para citar apenas algumas maneiras de encontrar pessoas sós. Estar só é uma excelente oportunidade para achar pessoas com quem você não vai ter de se casar. Você já foi casado e teve filhos. Fez o que a sociedade esperava de você. Agora pode encontrar novas pessoas – e sair com elas, se for o caso – sem ter de assumir um compromisso de casamento. Há mulheres e homens maravilhosos que adorariam conhecer você. Desfrute dessa oportunidade. E, se é amor o que você está procurando, lembre-se de que você terá de beijar um monte de sapos até en-

OLHANDO PARA A ESTRADA À FRENTE

contrar seu príncipe. Trata-se, antes de tudo, de um jogo de porcentagem!

Para muitos, namorar e fazer sexo nessa segunda fase é estressante e amedrontador. O simples fato de ter sido casado não significa que você é confiante ou mesmo experiente nesse campo. Tornar-se de novo socialmente ativo nessa área é importante porque ajuda a pessoa a não se tornar obsessiva quanto à criação dos filhos. Deixar que sua vida gire em torno de seu filho é realmente muito duro para ele. Para ajudar, eis algumas coisas que você deve e não fazer em relação a namoro:

- No começo do relacionamento encontre-se com a pessoa longe de sua casa.
- Se seu filho se ressente de seus namoros, apresente a pessoa como amiga, explicando que pais também precisam de amigos. Acrescente algum comentário do tipo "fulano é meu parceiro de tênis" ou "um colega de trabalho".
- Tente não ter uma leva de diferentes namorados passando rapidamente por sua casa e pela vida de seu filho. Esse estilo de vida pode ser divertido para você, mas é confuso e difícil para seu filho.
- Comece trancando um quarto para sua privacidade antes de ter alguém passando a noite com você, de forma que possa dispor dessa opção.
- Escolha com cuidado quem você permite que se aproxime de sua família. As crianças ficam ligadas às pessoas que você namora por um longo tempo e essas rupturas muitas vezes são mais difíceis para elas do que para os adultos envolvidos.
- Se você e seu ex-cônjuge têm a guarda conjunta dos filhos, estejam preparados para quando ambos começarem a namorar.
- Informar ao ex-cônjuge sobre seu paradeiro quando sair da cidade é um ato responsável, mas nem sempre é feito. Se ele não quiser lhe dar seu número de telefone quando estiver planejando viajar, sugira que ele indique alguém que saiba como achá-lo em situações de emergência. (Não confunda isso com ficar controlando a vida social de ex-cônjuge, consciente ou inconscientemente.)

Esteja preparado para quando seu filho tentar sabotar seus namoros por meio de uma variedade de comentários grosseiros, de um comportamento detestável e de "esquecer" de avisar que a pessoa ligou. Você pode dizer a ele que entende o que está sentindo, mas deixe claro que esse tipo de comportamento é inaceitável.

No que se refere à sua vida sexual, reconheça que, apesar do seu conhecimento e inteligência, as crianças normalmente se sentem desconfortáveis com a sexualidade dos pais. Não é necessário revelar o componente sexual de qualquer relacionamento, pelo menos até que algum compromisso se anuncie no horizonte. Você pode evitar que seu filho tenha de lidar com esse fato passando a noite fora, indo para um hotel, ou esperando até ter certa privacidade em sua casa.

> *Se eu ia passar a noite com um namorado, sempre dizia às crianças que dormiria fora, embora não necessariamente dissesse onde. Era importante para mim dizer a meus filhos que eu não os estava abandonando.*
>
> *Anônima*

O tempo é seu melhor aliado. Não se apresse em fazer com que seus filhos participem de seus relacionamentos. Se você não se sente muito à vontade com o fato de sua "amiga" passar a noite com você quando as crianças estão por perto, não a convide. Muitos pais e mães se esforçam ao máximo para resguardar sua vida afetiva, mesmo quando as crianças estão na casa com eles. Existem tantas soluções para encontrar momentos de privacidade quantos são os pais e mães solitários. Prepare-se também para perguntas surpreendentes sobre sua vida amorosa conjugal e pré-conjugal. Seus filhos podem querer saber se você e a Mamãe (ou o Papai) dormiram juntos antes de se casar, se eram monógamos no casamento ou quantas parceiras você teve. Seja honesto até onde achar que é apropriado. Os adolescentes em especial podem estar buscando razões para dizer não às pressões dos colegas, portanto dê a eles respostas construtivas.

> *O primeiro amigo homem que levei para jantar teve de lidar com minha filha de 6 anos, que lhe perguntou: "Você vai casar com a mamãe?" "Não", respondeu ele. "Vou esperar e me casar com você!"*
>
> *Susan Beatty, Connecticut*

Se sua vida amorosa não é tão animada, deve ser uma agonia para você ver seu ex-cônjuge apaixonado. Uma razão subjacente para sua dor, tal como sentimos quando estamos sem alguém, é o medo de que não sejamos *nunca mais* amados. Não é verdade. O amor vem quando você menos espera. Muitas vezes chega quando seu coração está curado ou quando o fato de encontrar um parceiro não é mais um objetivo que o consome.

MAS VOCÊ ESTÁ APAIXONADO(A)

A primeira vez que você expuser sua vida amorosa a seus filhos, provavelmente, haverá alguns sentimentos constrangedores, não importa quanto cada um de vocês esteja preparado. Alguns pais discutem de antemão essa possibilidade com os filhos, para ajudá-los a formar sua decisão e/ou a sua escolha da época certa; depois, também é tempo para perguntar às crianças o que elas acharam de ter um hóspede para dormir. É uma situação difícil, pois queremos que nossos filhos vejam um relacionamento honesto, amoroso, que seja usado como modelo, mas que pode ser ambivalente ou totalmente preocupante com relação ao fato de eles "terem uma idéia errada" – ou mesmo levarem a "notícia" para seu ex-cônjuge. E também o fato de verem adultos dando-se as mãos e se beijando com carinho pode acrescentar-se ao embaraço e à confusão das crianças, mais do que esclarecê-las. Um adulto muito envolvido com a paixão, que se porta como um adolescente, confunde as necessárias diferenças entre os relacionamentos de adultos e de crianças. Partilhe seus risos, sua excitação e seu entusiasmo junto de amigos – e não perto dos seus filhos.

Um estudo relata que mães divorciadas que viviam com homens complicavam o ajustamento de seus filhos. As crianças não se sentem bem porque acham que o novo relacionamento é muito tênue e ficam inseguras quanto ao papel do outro homem. Muitas vezes, ficam embaraçadas quando suas mães têm namorados que moram com elas. E se elas se afeiçoam ao novo homem na vida de sua mãe, com freqüência são acometidas por um sentimento de deslealdade para com o pai ausente. As crianças se ressentem – o que é compreensível – de que alguém que não é o pai delas lhes diga o que fazer. Isso funciona da mesma forma, quer você esteja namorando ou tenha se casado novamente.

Lembre-se de que qualquer que seja o padrão esperado dos seus filhos, você terá de estar à altura dele. Os adolescentes não vão se contentar com a frase "Faça o que eu mando, mas não o que eu faço". Namorar dá a você a oportunidade de ajudar a moldar os padrões de namoro dos seus filhos. Se eles virem que você está tendo namoros ou amizades que não necessariamente envolvem sexo, se ouvem você conversar sobre seus namoros e sobre o que você gosta e não gosta neles, se aprendem como você trata uma namorada pelo lugar onde ele a leva/ou como você é tratada pelo lugar onde a levam, você pode ajudá-los a formar um comportamento e valores adequados em termos de namoro.

Fique atento à armadilha de abandonar emocionalmente seus filhos quando aparece alguém com quem você se envolve muito. A atenção às crianças muitas vezes é relegada a segundo plano no auge de um romance. Se você desenvolveu um relacionamento próximo com seus filhos quando estava só, sua nova relação amorosa vai ameaçar sua ligação com eles. As crianças vão encontrar maneiras de lidar com a perda de atenção: assumindo um comportamento negativo, um afastamento da família ou fazendo dessa pessoa um novo aliado.

Passar um tempo sozinho com a criança torna-se ainda mais importante quando um relacionamento de casal se delineia. Em geral, as crianças se ressentem da falta de um contato desse tipo quando o pai/a mãe que não mora com elas começa a namorar. É difícil encontrar um equilíbrio; nenhum adulto quer passar todos o fim de semana inteiros na companhia de uma criança de 5 ou 7 anos. Mas o outro extremo – a criança ter de passar todo o tempo na companhia de um adulto estranho junto com o pai/a mãe, competindo pela atenção, é muito duro para ela.

Desde que minha mãe se casou de novo, ficou tão feliz que estou pensando em seguir seu exemplo.

Filha de 16 anos

Sua Ex-Parceira ou Seu Ex-Parceiro Está Apaixonada(o)

Então, você não gosta da pessoa com quem seu ex-cônjuge está saindo. Não há nada que você possa fazer quanto ao fato de seu filho ficar com seu ex-cônjuge quando ele está namorando alguém. E também não há nada que você possa dizer a esse respeito. Sentimentos de ser substituído são normais, ainda que desprovidos de razão. Os costumes sexuais e os valores das crianças não são corrompidos por tais situações, se é essa a sua preocupação.

Quando o namorado de seu ex-cônjuge se torna o companheiro, você poderá ficar surpreso de ver quão dolorosa é essa perspectiva – mesmo quando você não pensa em voltar. A melhor explicação é que parece se tratar de mais um último lembrete de que seu casamento acabou.

A única coisa pior que ficar sabendo por outra pessoa que seu ex-cônjuge vai se casar é ficar sabendo pelo ex-cônjuge. Obviamente é uma situação na qual não tem como se ganhar. E, a propósito, não passe o dia do casamento de seu ex-cônjuge sozinho, a não ser que você realmente goste de cavar um buraco e se afundar nele. Faça planos. Faça algo especial. É claro que as crianças vão comparecer ao casamento e precisam estar seguras de como agir em relação a você.

Quando Você Se Casa de Novo

Um novo casamento traz todo um conjunto de considerações, como é o caso da nova família, se ela faz parte desse casamento. Cinqüenta por cento dos divorciados com filhos se casam de novo. Obviamente, você não deve ver o ato de se casar como uma forma de fazer com que as crianças possam ter um pai ou uma mãe em casa. Os segundos casamentos fracassam em uma taxa maior que os primeiros. Há mais pessoas hoje vivendo sozinhas ou em um segundo casamento do que fazendo parte de uma família intacta. Trinta e cinco por cento das famílias americanas, por exemplo, vivem agora junto com um padrasto ou madrasta e estima-se que mais da metade desses relacionamentos vão ser rompidos. Essas são estatísticas confiáveis. Procure um aconselhamento familiar antes de se casar de novo ou de juntar as famílias para saber o que vai enfrentar e possa desenvolver algumas ferramentas para usar antes de os problemas surgirem. Tópicos como disciplina, dinheiro, herança, adoção de crianças e guarda dos filhos – se o divórcio ainda está se processando – são apenas alguns dos que devem ser discutidos. Pense em um aconselhamento antes do segundo casamento como algo equivalente a uma apólice de seguro.

Lembre-se de que criar filhos sem se casar de novo tem várias vantagens não anunciadas. Vá devagar. O casamento, como você poderá lembrar, dificilmente resolve problemas mais do que os que cria. As crianças geralmente estão melhor e se destacam mais nos estudos em famílias de um pai ou uma mãe só do que em famílias "misturadas". Elas têm menos problemas de comportamento quando seus pais divorciados permanecem solitários do que quando eles se reconciliam ou quando o pai ou a mãe que fica com elas se casa novamente.

Quando uma mulher se casa com um homem divorciado com filhos, fica ligada à ex-esposa em um relacionamento que chamamos de "esposa-estepe". Quando a esposa-estepe é boa para seus filhos, muitas mulheres nessa situação podem ter um bom inter-relacionamento.

Há um número crescente de crianças que passa pelo estresse de atravessar repetidos divórcios e rupturas. Estudos que compararam famílias de múltiplos divórcios descobriram que crianças que tiveram mais famílias desfeitas apresentam níveis mais altos de ansiedade e depressão, piores desempenhos escolares, e seus casamentos, quando crescem, são mais problemáticos. Quanto mais rupturas, pior para as crianças, revela o estudo.

Um novo casamento e a vida com uma família estranha são tópicos que por si sós requerem livros inteiros, e muitos, prestes a entrar em uma situação como essa, foram escritos. Se você está entrando nessa, use os livros e recursos disponíveis. Não fique pensando que o amor resolve tudo – você já deveria saber isso depois do seu último casamento.

Laços Familiares Que Cegam

Em um segundo casamento, as pessoas costumam levar para o relacionamento o desejo de que nele haja todos os direitos, responsabilidades e respeito que a elas foi garantido na primeira vez, tanto para si mesmas como para seu novo parceiro. Pode-se esperar de uma nova esposa, por exemplo, que ela compareça a um evento familiar apesar do desconforto que isso possa causar a ela e aos outros. Se um dos cônjuges diz: "Aceite-me, aceite meu novo parceiro", isso pode vir a ser um doloroso ponto de honra. Tenha em mente que pode haver um lugar para antigos laços familiares e outro para os novos, o que pode (se você puder aceitar esse tipo de raciocínio) tornar as coisas mais fáceis para todos os envolvidos. Nem todo acontecimento precisa ser um assunto conjunto. Pense no conforto de todos em ocasiões especiais, principalmente nos pensamentos e necessidades da criança que tanto poderá sentir sua falta como experimentar uma ansiedade adicional.

Encerramento Religioso

O casamento é um contrato legal e, para muitos casais, também religioso. O aspecto legal do divórcio envolve apenas detalhes práticos de guarda dos filhos e divisão de propriedades. Muitos que se divorciam sentem a necessidade de uma cerimônia de "encerramento" religioso, pois ela os ajudaria a enfrentar a dor emocional sofrida pelas crianças envolvidas.

Para os judeus:

A religião judaica tem como parte de sua tradição uma cerimônia chamada *guet*, que é também o nome do documento de divórcio. A cerimônia tradicional é de natureza um pouco machista, porque apenas o marido pode se divorciar da esposa. Outros ramos do judaísmo modificaram essa cerimônia para torná-la mais significativa para as mulheres que querem incluí-la em seu divórcio. O ramo da Reforma tem o "Ritual da Liberação", que pode ser realizado com um casal ou só com um dos cônjuges, se o outro não quiser cooperar. Para mais informações, consulte www.morasha.com.br

Para os católicos:

O processo católico oficial para o encerramento religioso é o da anulação. Os católicos podem se beneficiar desse processo contatando o padre da paróquia. A anulação, que só pode ocorrer depois de um divórcio civil, permite aos católicos reconsiderarem a natureza religiosa, sacramental, de seu divórcio. O processo leva tempo. Uma decisão da igreja nunca nega o fato de que havia um casamento civil. Por essa razão, um decreto de nulidade nunca torna ilegítimos os filhos nascidos do casamento. Em vez disso, a decisão se concentra nas considerações éticas e emocionais do casamento e do divórcio.

A participação dos filhos nessas cerimônias é uma decisão dos adultos e deles próprios. O encerramento religioso ajuda a lidar com o aspecto espiritual e psicológico do divórcio. Trata-se do único reconhecimento público do divórcio que nossa sociedade oferece. Mas é importante lembrar que esse encerramento, mesmo com um componente religioso, nunca é totalmente final quando existem filhos.

> *Era uma coisa que eu queria fazer, mas realmente não consegui no começo. Nós dois finalmente estávamos prontos, após quatro anos do nosso divórcio. Apesar da minha afiliação ao ramo da Reforma Judaica, um "get" da Reforma não é reconhecido pelos ramos Conservador ou Ortodoxo e eu queria que ele o fosse aos olhos de todos – indiferentemente –, então fizemos a cerimônia ortodoxa. Não quis que as crianças comparecessem porque aquilo era uma coisa minha, não delas. Durante o procedimento, tive uma forte lembrança da nossa cerimônia de noivado, vendo que o círculo agora se completava. Senti-me tocada pela perda daquele sonho inicial. Mais tarde, chorei muito. Foi um ato de encerramento muito significativo para mim.*
>
> *Tamara Kaiser, Maryland*

POSFÁCIO

Se você chegou até o fim deste livro, fico impressionada. A leitura e a concentração não são tarefas fáceis quando se está em um processo de divórcio.

O que agora parece ser o final para você na verdade é apenas o começo. Acredite-me, é verdade. Sua viagem de montanha-russa emocional vai acabar e novas idéias vão servir como bóias salva-vidas para você. Há uma luz no final desse escuro túnel. É o brilho que vem de dentro de você que iluminará novamente sua vida.

O Que Repousa por Trás e Antes de Nós é
Pouco Se Compararmos ao Que Repousa Dentro de Nós.

ÍNDICE REMISSIVO

Acampamento, 168
Adolescentes, 38
Advogado, 94-98
   Economizando, 97
Ajustes, 138, 155
Após o choque, 15
Atitude de negação, xiii
Atitudes, 148
Avós, 156

Bens, 62, 91
Bom divórcio, 3
Brigas dos pais, 57

Calma, 75
Cartas, 135
Casamento, 175
Companheiro, 44
Comunicando à família, 20
Conflito dos pais, 4
Considerações relacionadas às
   crianças, 7
Controle, 55
Cooperação, 3
Criação dos filhos, 83
   Acordo, 101
   Compartilhada, 126
   Dinheiro, 86
   Estratégias, 121
   Longe do ex, 124

Pensão, 89
   Situação financeira, 92-93
Criação em meio-período, 119
Crianças pequenas, 125
Culpas, 145

Datas especiais, 158
   Alternativas, 161
   Aniversários, 164
   Dividindo, 158
   Grandes distâncias, 162
   Tradição, 160
Depressão, 64
Despedida, 60, 65, 66
Dia das mães/pais, 163
Direitos da criança, 59
Direitos, 152
Discussões diante dos filhos, 2
Divórcio interior, 141
Dor, 144

Educação dos pais, 106
Escola, 150-152
   Reuniões, 153

Falando com o ex, 77-79
Férias, 136
Fim de semana, 130
Frases de apoio, 19

CONVERSANDO SOBRE DIVÓRCIO

Guarda dos filhos, 99, 103
   Alternativa, 103
   Briga, 108
   Decisão, 106-107
   Dividida, 104
   Exclusiva, 113
   Mãe que trabalha fora, 116
   Periódica, 104
   Por terceiros, 104
Guet, divórcio judaico, 177

Homossexuais, 47

Idade, 30
Irmãos, 49

Laços familiares, 177

Mães que não têm a guarda dos
   filhos, 117
Medo da mudança, 8

Namoro, 169
Nome de solteira, 141
Notícia aos filhos, 8-10, 11

Oração da serenidade, 24

Pai visitante, 120
Partida de surpresa, 10
Planos, 61
Presentes, 164
Profissional, 50, 53

Razão para o divórcio, 13
Reconciliação, 69-72
Reentrada, 126
Religião, 177

Separações litigiosas, 7
Seqüestro, 110
   Precauções, 112
Sexo, 45

Tempo compartilhado, 104
Tempo, 149
Tomando conta dos filhos
   sozinho, 114-115
Tornando o processo mais fácil,
   133-135

Vida amorosa, 173, 175
Visitação negada, 108
Visitas, 79

Série Parenting

Pais Muito Especiais
ISBN 85-89384-24-1
90 pgs

"Pais Muito Especiais", de Milton M. de Assumpção Filho e Natalia C. Mira de Assumpção, apresenta 180 sugestões de ações que expressam amor e carinho e podem ser usadas no dia-a-dia. "São 180 frases que indicam ações capazes de ajudar nessa interação, valorizando e consolidando a relação familiar". O livro reúne depoimentos e ricas histórias de vida de amigos que abriram seus corações e dividiram com os autores momentos inesquecíveis entre filhos e pais, bem como lembranças da infância. Como não obedecem a nenhuma regra ou ordem, as frases, dispostas aleatoriamente, permitem que o livro seja lido a partir de qualquer página.

A Vida Secreta da Criança com Dislexia
ISBN 85-89384-12-8
232 pgs

Este livro, do psicólogo educacional Robert Frank, que é portador de dislexia, é um manual para os pais identificarem e aprenderem como a criança portadora desse distúrbio de aprendizagem pensa e sente e o que podem fazer para ajudar os filhos a se tornarem adultos bem-sucedidos. Hoje, casado e pai de dois filhos, argumenta que a criança com dislexia muitas vezes é confundida como uma criança pouco inteligente, preguiçosa e que finge não entender.

Amar sem Mimar
ISBN 85-89384-11-x
256 pgs

Este livro oferece 100 dicas para que os pais, livres de culpa e de maneira prática, possam criar seus filhos, estabelecendo limites com amor e carinho, porém sem mimar ou ser indulgente. Com estilo prático e divertido, a escritora Nancy Samalin compartilha suas 100 melhores dicas para criar filhos maravilhosos com amor incondicional sem ser um pai ou uma mãe que não sai "do pé" deles.

A Resposta é Não
ISBN 85-89384-10-1
256 pgs

Se você tem dificuldade para dizer "não" aos seus filhos, pode contar agora com uma nova ajuda. O livro, de Cynthia Whitham, trata de 26 situações que afetam pais de crianças de 2 a 12 anos.
Neste livro, a autora fornece as ferramentas para os pais que têm dificuldades de dizer "não". Da hora de dormir aos animais de estimação, da maquiagem à música, da lição de casa às roupas de grife, e tudo aquilo que os filhos acham que precisam.

Livro de Referência para a Depressão Infantil
ISBN 85-89384-09-8
280 pgs

Escrito pelo professor dr. Jeffrey A. Miller, este livro mostra como os pais podem diagnosticar os sintomas da depressão infantil e as conseqüências deste problema, como ansiedade e uso de drogas ilegais. A obra também aborda os métodos de tratamento, incluindo psicoterapia, remédios e mudanças de comportamento, além de estratégias para ajudar os pais a lidar com a questão.

Soluções para Noites Sem Choro
ISBN 85-89384-10-1

224 pgs

Desenvolvido pela orientadora educacional Elizabeth Pantley, este livro mostra ser perfeitamente possível acabar com o desespero dos pais que não dormem porque o bebê não pára de chorar. O livro apresenta programa inédito de 10 passos para os pais atingirem a meta de garantir uma boa noite de sono para toda a família. A autora mostra que é possível ajudar o bebê a adormecer e dormir tranqüilamente.

Sinais - A Linguagem do Bebê
ISBN 85-89384-18-7

194 pgs

Você sabia que os bebês sabem muito mais sobre linguagem do que pensamos? E que muito antes de serem capazes de falar, eles podem comunicar-se por meios de sinais e gestos? Os Sinais Infantis são fáceis de aprender e ajudam muito a entender a mente do bebê. Segundo as especialistas, Linda Acredolo e Susan Goodwyn, todos os bebês têm potencial para aprender Sinais Infantis simples e fáceis de lembrar. Com isso, os pais não precisam mais ficar ansiosos, esperando o dia em que seu bebê possa lhes dizer o que sente, precisa e pensa.

Como Educar Crianças de Temperamento Forte
ISBN 85-89384-17-9

280 pgs

Um verdadeiro passo a passo, este livro de Rex Forehand e Nicholas Long é destinado a ajudar pais que têm dificuldade em lidar com os problemas de teimosia, desobediência, irritação e hiperatividade dos filhos que estão sempre exigindo atenção.
O livro inclui, ainda, um capítulo sobre TDAH –Transtorno de Déficit de Atenção / Hiperatividade, conhecido também como DDA – Distúrbio do Déficit de Atenção.

8 Regras Simples para Marcar um Encontro com Sua Filha Adolescente
ISBN 85-89384-21-7

236 pgs

Este livro vai ensinar aos pais de filhas adolescentes, de maneira leve e engraçada, como conversar com sua filha — quando isto parece impossível — mesmo que seja através da porta do quarto dela, como impor uma certa autoridade — mesmo que às vezes não funcione e, ainda, como ter acesso ao banheiro, ao chuveiro e, principalmente, ao telefone de sua casa. Aprenda a sair de frases como "Todo mundo vai, menos eu", "Um minuto depois de fazer 18 anos, vou embora desta casa!"

Visite Nosso Site
www.mbooks.com.br

Impressão e acabamento:
GRÁFICA PAYM
Tel. (011) 4392-3344